El libro de
la esperanza

MATT HAIG

El libro de la esperanza

Traducido del inglés por Ana Isabel Sánchez

CONTRALUZ

Título original: *The Comfort Book*

Diseño de colección: Estudio Sandra Dios

PAPEL DE FIBRA
CERTIFICADO

Copyright © Matt Haig 2001
© de la traducción: Ana Isabel Sánchez, 2022
© Contraluz (GRUPO ANAYA, S. A.)
Madrid, 2021
Calle Juan Ignacio Luca de Tena, 15
28027 Madrid
www.contraluzeditorial.es

ISBN: 978-84-1894-512-0
Depósito legal: M. 33.802-2021
Printed in Spain

No crea que la persona que intenta consolarlo en este momento vive sin esfuerzo entre las palabras sencillas y tranquilas que a veces lo confortan a usted [...]. Pero, de no ser así, jamás las habría encontrado.

RAINER MARIA RILKE, *Cartas a un joven poeta*

Introducción

A veces escribo para reconfortarme. Cosas aprendidas en las malas épocas. Pensamientos. Meditaciones. Listas. Ejemplos. Cosas que quiero recordarme. O cosas que he aprendido de otras personas u otras vidas.

Es una paradoja extraña que muchas de las lecciones vitales más claras, más aliviadoras, se aprendan cuando estamos en nuestros peores momentos. Pero, por otro lado, nunca pensamos más en la comida que cuando tenemos hambre y nunca reflexionamos más sobre los botes salvavidas que cuando nos lanzan por la borda.

Así que estos son algunos de mis botes salvavidas. Las ideas que me han mantenido a flote. Espero que algunas de ellas te lleven a ti también a tierra firme.

Una nota sobre la estructura

Este libro es tan caótico como la vida.

Tiene muchos capítulos cortos y unos cuantos más largos. Contiene listas y aforismos y citas y casos prácticos y más listas e incluso alguna que otra receta. Está basado en la experiencia, pero tiene momentos de inspiración sacada de cualquier cosa que vaya desde la física cuántica hasta la filosofía, desde las películas que me gustan hasta las religiones antiguas e Instagram.

Puedes leerlo como quieras. Puedes empezar por el principio y terminar por el final, o empezar por el final y terminar por el principio, o limitarte a hojearlo aquí y allá.

Puedes doblar las páginas. Arrancarlas. Puedes prestárselo a un amigo (aunque, si has arrancado las páginas, quizá no). Puedes dejarlo junto a tu cama o tenerlo al lado del váter. Puedes tirarlo por la ventana. No hay normas.

Sin embargo, hay una especie de hilo conductor accidental. Ese hilo es la conexión. Somos todas las cosas. Y conectamos con todas las cosas. Humano con humano. Momento con momento. Dolor con placer. Desesperanza con esperanza.

Cuando corren tiempos difíciles, necesitamos un consuelo de tipo profundo. Algo elemental. Un apoyo sólido. Una roca a la que aferrarnos.

El tipo de consuelo que ya tenemos en nuestro interior. Pero que a veces necesitamos un poco de ayuda para ver.

PRIMERA PARTE

Quizá [el hogar] no sea un lugar,
sino una condición irrevocable.

JAMES BALDWIN, *La habitación de Giovanni*

Bebé

Imagínate como un bebé. Lo mirarías y pensarías que no le falta nada. Ese bebé llegó completo. Su valía fue innata desde el primer aliento. Su valía no dependió de factores externos como la riqueza o la apariencia o la política o la popularidad. Fue la valía infinita de una vida humana. Y esa valía permanece con nosotros, aunque se haga cada vez más sencillo olvidarlo. Permanecemos precisamente tan vivos y precisamente tan humanos como el día en que nacimos. Lo único que necesitamos es existir. Y tener esperanza.

Tú eres el objetivo

No tienes que mejorarte continuamente para quererte. El amor no es algo que merezcas solo si logras un objetivo. El mundo nos presiona, pero no dejes que te drene de autocompasión. Naciste mereciendo amor y sigues mereciendo amor. Trátate con amabilidad.

No hay nada más fuerte que una pequeña esperanza que no se rinde.

Algo que mi padre me dijo una vez que nos perdimos en un bosque

Érase una vez, mi padre y yo nos perdimos en un bosque francés. Yo debía de tener unos doce o trece años. En cualquier caso, fue antes de la época en la que casi todo el mundo tenía móvil. Estábamos de vacaciones, unas vacaciones que yo no entendía muy bien, de esas rurales, de interior, típicas de la clase media. Era en el valle del Loira y habíamos salido a correr. Al cabo de más o menos media hora, mi padre supo la verdad. «Vaya, parece que nos hemos perdido.» Caminamos en círculos una y otra vez intentando encontrar el camino, pero no hubo suerte. Mi padre les pidió indicaciones a dos hombres —cazadores furtivos— y nos mandaron por donde no era. Me di cuenta de que empezaba a dejarse arrastrar por el pánico, a pesar de que intentaba ocultármelo. Ya llevábamos varias horas en el bosque y los dos sabíamos que mi madre estaría sumida en un estado de terror absoluto. En el instituto acababan de contarme la historia bíblica de los israelitas que habían muerto en el desierto, así que no me costó imaginarme que ese sería también nuestro destino. «Si seguimos avanzando en línea recta, saldremos de aquí», dijo mi padre.

Y tenía razón. Al final oímos ruidos de coches y llegamos a una carretera principal. Estábamos a unos dieciocho kilómetros del pueblo del que habíamos salido, pero al menos ahora teníamos postes indicadores. Nos habíamos librado de los árboles. Y a menudo pienso en esa estrategia cuando estoy perdido por completo, ya sea literal o metafóricamente. Pensaba en ella cuando me encontraba en medio de una crisis nerviosa. Cuando vivía en un ataque de pánico solo interrumpido por la depresión, cuando el corazón me latía desbocado por el miedo, cuando apenas sabía quién era y no tenía ni idea de cómo podía seguir viviendo. «Si seguimos avanzando en línea recta, saldremos de aquí.» Dar un paso tras otro en la misma dirección siempre te llevará más lejos que correr en círculos. Todo se basa en la determinación de seguir caminando hacia delante.

No pasa nada

No pasa nada por estar roto.

No pasa nada por lucir las cicatrices de la experiencia.

No pasa nada por ser un desastre.

No pasa nada por ser la taza desportillada. Esa es la que tiene historia.

No pasa nada por ser sensiblero e intenso, ni por derramar lágrimas agridulces con canciones y películas que en teoría no deberían gustarte.

No pasa nada por que te guste lo que te gusta.

No pasa nada por que te gusten las cosas solo porque sí y no porque sean modernas, inteligentes o populares.

No pasa nada por dejar que la gente te encuentre. No tienes que estirarte hasta volverte invisible para llegar a todo.

No tienes que ser siempre tú quien busque a los demás. A veces puedes permitirte que te busquen a ti. En palabras de la gran escritora Anne Lamott: «Los faros no van corriendo por toda la isla en busca de barcos que salvar; se limitan a permanecer en su sitio, brillando».

No pasa nada por no aprovechar al máximo hasta el último resquicio de tiempo.

No pasa nada por ser quien eres.

No pasa nada.

Poder

Marco Aurelio, emperador romano y filósofo estoico, pensaba que, si estamos angustiados por algo externo, «el dolor no se debe a la cosa en sí, sino al valor que le das; y eso es algo que puedes revocar en cualquier momento».

Me encanta esta cita, pero también sé por experiencia que a veces es casi imposible encontrar ese poder. No podemos chasquear los dedos y librarnos sin más de, por ejemplo, el dolor emocional, o el estrés del trabajo, o las preocupaciones sobre la salud. Cuando estamos perdidos en el bosque, es posible que la causa directa de nuestro miedo no sea el bosque en sí o el hecho de estar perdidos; aun así, en esos instantes la sensación de que el origen de nuestro miedo es *estar perdidos en el bosque* es muy intensa.

Sin embargo, resulta útil recordar que nuestra perspectiva *es* nuestro mundo. Y no es necesario que nuestras circunstancias externas cambien para que nuestra perspectiva lo haga. Y los bosques en los que nos encontramos son metafóricos, y a veces somos incapaces de escapar de ellos, pero con un cambio de perspectiva podemos vivir entre los árboles.

Nada bueno o malo

Cuando Hamlet les dice a sus viejos amigos de la universidad Rosencrantz y Guildenstern que «no hay nada o bueno o malo, sino que el pensamiento lo hace así», no lo hace en sentido positivo. El príncipe de Shakespeare está de mal humor y deprimido, aunque con razón. Está hablando de que Dinamarca, y en realidad todo el mundo, es una cárcel. Para él, Dinamarca es realmente una cárcel física y psicológica. Sin embargo, también es consciente de que la perspectiva desempeña cierto papel en todo ello. Y de que el mundo y Dinamarca no son *intrínsecamente* malos. Son malos desde su *perspectiva*. Son malos porque él piensa que lo son.

Los acontecimientos externos son neutrales. Solo obtienen valor positivo o negativo en el momento en que entran en nuestra mente. Nuestra manera de recibir ese tipo de sucesos depende, en última instancia, de nosotros. No siempre es fácil, está claro, pero resulta reconfortante saber que todo puede verse de múltiples formas. También nos empodera, porque no estamos a merced de un mundo que no controlamos jamás: estamos a merced de una mente que, de manera potencial, con esfuerzo y determinación, podemos empezar a alterar y expandir. Puede que nuestra mente cree cárceles, pero también nos da llaves.

El cambio es real

Giramos llaves constantemente. O más bien: el tiempo gira llaves constantemente. Porque el tiempo significa cambio.

Y el cambio es la naturaleza de la vida. La razón para tener esperanza.

La neuroplasticidad es la manera en que nuestro cerebro cambia su estructura conforme a lo que experimentamos. Ninguno somos la misma persona que éramos hace diez años. Cuando sentimos o experimentamos cosas horribles, resulta útil recordar que nada dura. La perspectiva cambia. Nos convertimos en versiones distintas de nosotros mismos. La pregunta más difícil que me han hecho es: «¿Cómo voy a seguir viviendo por los demás si no tengo a nadie?». La respuesta es que sigues viviendo por tus otras versiones. Por las personas a las que *conocerás*, sí, claro, pero también por las personas que *serás*.

Ser es perdonar

La autocompasión mejora el mundo. No te conviertes en buena persona creyendo que eres de las malas.

«En algún lugar»

La esperanza es algo precioso de encontrar en el arte o en los cuentos o en la música. Suele ser un momento sorpresa, como en *Cadena perpetua* cuando quitan el póster de Raquel Welch de la pared de la celda de Andy. O en *Sonrisas y lágrimas* cuando el capitán Von Trapp pasa de viudo reprimido a padre cantarín en el transcurso de una sola escena.

Suele ser sutil, pero la reconoces cuando la sientes. Como cuando la canción *Somewhere Over the Rainbow* («En algún lugar por encima del arcoíris») sube tranquilamente toda una octava en la palabra *somewhere*, saltando sobre siete tonos naturales —un verdadero arcoíris musical— antes de aterrizar en el octavo. La esperanza siempre implica una elevación y una llegada. La esperanza vuela. Es esa cosa con plumas, como dijo Emily Dickinson.

Por lo general, la gente cree que es difícil sentirse esperanzada cuando se atraviesa una etapa complicada; sin embargo, yo tiendo a pensar lo contrario. O, como mínimo, que la esperanza es aquello a lo que más deseamos aferrarnos en épocas de desesperación o preocupación. Opino que no es ninguna coincidencia que Harold Arlen y Yip

Harburg escribieran *Somewhere Over the Rainbow,* una de las canciones más agridulces y sin embargo más esperanzadoras del mundo, una canción que ha ganado votaciones como la mejor canción del siglo xx, en uno de los años más desoladores de la historia de la humanidad: 1939. Harold compuso la música, mientras que Yip escribió la letra. Harold y Yip no eran ajenos al sufrimiento. Yip había presenciado los horrores de la Primera Guerra Mundial y se había arruinado tras la crisis de 1929. En cuanto a Harold, que pasaría a ser conocido por su esperanzador salto de una octava, tuvo un hermano gemelo que por desgracia no sobrevivió a la niñez. A los dieciséis años, Harold huyó de sus padres, judíos ortodoxos, en busca de una carrera musical moderna. Y no olvidemos que estamos hablando de dos músicos judíos que escribieron la que podría considerarse la canción más esperanzadora de todos los tiempos mientras Adolf Hitler desencadenaba una guerra y el antisemitismo estaba en auge.

Para sentir esperanza no tienes que hallarte en la mejor de las situaciones. Solo tienes que entender que las cosas cambiarán. La esperanza está al alcance de todos. No tienes que negar la realidad del presente para tener esperanza, solo debes saber que el futuro es incierto y que la vida no solo contiene luz, sino también oscuridad. Podemos tener los pies bien anclados en el lugar en que nos encontramos al mismo tiempo que nuestra mente percibe otra octava, justo por encima del arcoíris. Podemos estar medio en el presente, medio en el futuro. Medio en Kansas, medio en Oz.

Canciones que me reconfortan: una lista de reproducción

(No todas alivian desde el punto de vista de la letra o desde un punto de vista lógico, pero todas ellas me consuelan a través de la magia directa o indirecta que solo la música es capaz de evocar. Tú tendrás otras distintas. Aun así, he pensado en compartir algunas de las mías.)

O-o-h Child, The Five Stairsteps
Here Comes the Sun, The Beatles
Dear Theodosia, banda sonora de *Hamilton*
Don't Worry Baby, The Beach Boys
Somewhere Over the Rainbow, Judy Garland
A Change Is Gonna Come, Sam Cooke
The People, Common ft. Dwele
The Boys of Summer, Don Henley
California, Joni Mitchell
Secret Garden, Bruce Springsteen
You Make It Easy, Air
These Dreams, Heart
True Faith, New Order

If You Leave, OMD

Ivy, Frank Ocean

Swim Good, Frank Ocean

Steppin' Out, Joe Jackson

Pas de deux de *El cascanueces*, Chaikovski (no es una canción, está claro, pero sí un consuelo épico y agridulce)

If I Could Change Your Mind, HAIM

Space Cowboy, Kacey Musgraves

Hounds of Love, ya sea la versión de Kate Bush o la de Futureheads

Enjoy the Silence, Depeche Mode

I Won't Let You Down, Ph.D.

Just Like Heaven, The Cure

Promised Land, Joe Smooth

Montaña

Mirar un problema de frente ayuda a superarlo. No puedes escalar una montaña que finges que no existe.

Valle

Cuando estás abatido, es importante tener en cuenta que las ideas que esos sentimientos inspiran no son hechos externos, objetivos. Por ejemplo, cuando tenía veinticuatro años, estaba convencido de que no llegaría a cumplir los veinticinco. Sabía con certeza que no sería capaz de sobrevivir durante semanas o meses con el dolor mental que de repente estaba experimentando. Y, sin embargo, aquí estoy, con cuarenta y cinco años, escribiendo este párrafo. La depresión miente. Y, a pesar de que los sentimientos eran reales, es obvio que las cosas que estos me llevaban a creer no lo eran.

Como no entendía muy bien cómo había caído en una depresión suicida, imaginaba que jamás encontraría la forma de salir de ella. No me daba cuenta de que hay algo más grande que la depresión, y ese algo es el tiempo. El tiempo rebate las mentiras que la depresión cuenta. El tiempo me demostró que las cosas que la depresión imaginaba para mí eran falacias, no profecías.

Esto no quiere decir que el tiempo disipe todos los problemas de salud mental. Pero sí que nuestras actitudes y acercamientos hacia nuestra propia mente cambian y a menudo mejoran si nos quedamos por aquí el tiempo necesario para ganar la perspectiva que la desesperación y el miedo se niegan a proporcionarnos.

La gente habla de altibajos con relación a la salud mental. De cumbres y valles. Y esas metáforas topográficas tienen sentido. No cabe duda de que notas los descensos pronunciados y las dificultades de los ascensos de la vida. No obstante, es importante recordar que el fondo del valle nunca tiene las vistas más despejadas. Y que a veces lo único que necesitas para volver a subir es continuar avanzando hacia delante.

Suma

Siempre somos más grandes que el dolor que sentimos. Siempre. El dolor no es total. Cuando dices «Yo siento dolor», está el dolor y está el yo, pero el yo siempre es más grande que el dolor. Porque el yo sigue ahí incluso sin el dolor, mientras que el dolor solo está ahí como producto de ese yo. Y ese yo sobrevivirá y pasará a sentir otras cosas.

Antes me costaba entenderlo. Antes pensaba que yo *era* el dolor. No siempre he pensado en la depresión como una experiencia. Pensaba en ella como algo que formaba parte de mí. Incluso cuando me aparté del borde de un acantilado en España. Incluso cuando volví volando a casa de mis padres y les dije a mis seres queridos que iba a ponerme bien. Me autodenominaba depresivo. Rara vez decía «Tengo depresión» o «En estos momentos estoy pasando por una depresión» porque creía que la depresión era la suma de mi identidad. Estaba confundiendo la película que aparecía en la pantalla con el propio cine. Creía que solo se reproduciría una película, la misma para toda la eternidad, en bucle. *Pesadilla en Haig Street*. (Perdón.) No me daba cuenta de que un día habría pases de *Sonrisas y lágrimas* y de *Qué bello es vivir*.

El problema era que tenía una perspectiva muy binaria de las cosas. Creía que o estabas bien o estabas mal, o cuerdo o loco, y, una vez que me diagnosticaron la depresión, sentí que me habían exiliado a un territorio nuevo, como a Napoleón, y que no habría forma de escapar de allí y volver al mundo que había conocido.

Y en cierto sentido tenía razón. Nunca volví atrás. Seguí adelante. Porque eso es lo que ocurre, lo intentes o no: avanzamos a través del tiempo por el mero hecho de permanecer vivos. Y poco a poco nuestras experiencias cambian. Yo, por ejemplo, descubrí pequeños momentos de felicidad o humor dentro de la desesperación. Me di cuenta de que las situaciones no siempre eran o lo uno o lo otro. A veces eran las dos cosas.

Y, en cuanto nos percatamos de todo ese espacio que tenemos dentro, adquirimos una perspectiva nueva. Sí, hay hueco para mucho dolor; sin embargo, también hay hueco para otras cosas. Y es cierto que el dolor puede ser un imbécil redomado, pero también es posible que, sin que nos demos cuenta, nos enseñe cuánto espacio tenemos dentro. Tal vez incluso lo amplíe. Y nos permita experimentar la cantidad equivalente de alegría o esperanza o amor o satisfacción en algún momento futuro.

Así que, en otras palabras, es importante ser siempre conscientes de nuestra propia vastedad. Nuestro propio espacio. Somos múltiplos de posibilidad.

El sujeto de la oración

Y sí, quizá sintamos que los otros juzgan nuestra valía conforme a parámetros como los ingresos y el número de seguidores y el peso y la talla de pecho y todo lo demás, pero recuerda siempre que somos más de lo que puede medirse. Somos la vida misma. No somos la estrecha franja de sentimientos de un único momento. Somos el recipiente que podría contener *cualquier* sentimiento. Somos el sujeto de la oración. Somos más que la suma de nuestros logros. Somos más que los sentimientos que presenciamos. Somos la infinidad que queda cuando los sustraes.

Para recordar durante los días malos

No durará.

Has sentido otras cosas. Volverás a sentir otras cosas.

Los sentimientos son como el tiempo atmosférico. Cambian y varían. Las nubes pueden parecer tan inamovibles como la piedra. Las miramos y apenas notamos cambio alguno. Y sin embargo siempre se mueven.

La peor parte de cualquier experiencia es aquella en la que sientes que ya no puedes soportarla más. Así que, si sientes que ya no puedes soportarla más, lo más seguro es que ya estés en el peor punto. Los únicos sentimientos que te quedan por experimentar son mejores que este.

Sigues aquí. Y eso lo es todo.

Para cuando toques fondo

Has sobrevivido a todo aquello por lo que has pasado y también sobrevivirás a esto. Quédate por la persona en la que te convertirás. Eres más que un mal día, o semana, o mes, o año, o incluso década. Eres un futuro de posibilidad múltiple. Eres otro yo que en un momento del futuro mira hacia atrás agradecido por el hecho de que este tú perdido y anterior aguantara. Quédate.

Fondo

Lo mejor de tocar fondo es que es duro. Descubres tu parte sólida. La parte que ya no puede romperse hacia más abajo. Lo que en tono sentimental podrías llamar el alma. En nuestro punto más bajo encontramos la tierra firme de nuestros cimientos. Y podemos construirnos de nuevo.

Diez libros que me ayudaron en el plano mental

1. *Cartas a un joven poeta*, Rainer María Rilke
2. *Poemas*, Emily Dickinson
3. El diario de Henry David Thoreau
4. *Cuando todo se derrumba*, Pema Chödrön
5. *El rincón de Puh*, A. A. Milne.
6. *Pájaro a pájaro*, Anne Lamott
7. *Meditaciones*, Marco Aurelio
8. *Tao Te Ching*, Laozi
9. *Serious Concerns*, Wendy Cope
10. *El trabajo del sueño*, Mary Oliver

Palabras

En la universidad, mientras cursaba el Máster en Literatura Inglesa, me sentía tonto a todas horas, y la razón era que había elegido un módulo llamado *Teoría Crítica*. Eso implicaba leer mucha filosofía francesa posmoderna y posestructuralista que, incluso traducida al inglés, contenía tantas frases al parecer deliberada y jocosamente oscuras que tenía que pasarme alrededor de media hora mirando cada una de ellas para empezar siquiera a descifrarlas. Al final estudié lo justo para saber que siempre existe una distancia entre el significante y el significado. La palabra *perro* no es un perro. La palabra *agua* no es agua. Un cuadro de una pipa no es una pipa. Las imágenes televisivas de una guerra no son una guerra. En conjunto, estas teorías me dieron la impresión de ser una manera muy complicada y obtusa de afirmar lo tristemente obvio: que nos pasamos la vida persiguiendo un significado que nunca llegamos a alcanzar del todo.

Pero, cuando me puse enfermo, cobraron un significado más amplio. Me sentía como un significante con piernas que significaba una persona que nunca llegaría a ser.

Existía una distancia entre lo que aparentaba y lo que sentía. Y la única manera de salvar esa distancia era hablar y escribir sobre lo que sucedía en mi interior. Y sí, en el sentido filosófico, las palabras nunca son lo que describen, pero esa es también su utilidad. Ayudan a externalizar cosas internas. En el momento en que convertimos una idea en palabras, la situamos en un mundo compartido. A ese mundo compartido lo llamamos *lenguaje*. Una vez que tomamos nuestras experiencias personales invisibles y las hacemos visibles, ayudamos a otros, e incluso a nosotros mismos, a comprender por lo que estamos pasando. Lo que decimos en voz alta nunca puede capturar del todo lo que sentimos por dentro, pero de eso es casi de lo que se trata.

Las palabras no capturan, liberan.

Palabras (dos)

Pues sí.

Las palabras son importantes.

Las palabras pueden dañar. Las palabras pueden sanar. Las palabras pueden consolar.

Hubo una época en la que no era capaz de hablar.

Hubo una época en la que mi depresión era tan intensa que no podía mover la lengua. Una época en la que la distancia entre la puerta abierta de mi boca y la tormenta de mi mente parecía demasiado extensa.

Conseguía emitir monosílabos, a veces.

Era capaz de asentir. Era capaz de farfullar. Pero era como si funcionara a cámara lenta. Sumergido.

Estaba perdido.

Querer hablar era querer vivir. Y en esas profundidades yo no quería ninguna de las dos cosas. Solo quería querer, si es que eso tiene algún sentido.

Recuerdo haber leído *Yo sé por qué canta el pájaro enjaulado*, de Maya Angelou, en el instituto. Recuerdo haber leído que, cuando era pequeña, había dejado de hablar durante cinco años tras sufrir el más terrible de los abusos sexuales por parte del novio de su madre, el señor Freeman. Cuando sus tíos mataron a aquel hombre, la Maya de ocho años sintió tanta culpa por su muerte que dejó de hablar y pasó años siendo efectivamente muda. Fue una profesora y amiga de la familia, Bertha Flowers, quien la expuso a los grandes escritores. Maya leyó a Edgar Allan Poe y Charles Dickens y Shakespeare y a las poetas Georgia Douglas Johnson y Frances Harper. Poco a poco, a través de la lectura y el aprendizaje, Maya se reencontró con su voz y jamás volvió a separarse de ella. Hacia finales de la década de 1960, aquella niña muda se había transformado en una de las voces fundamentales del movimiento por los derechos civiles. Una voz que no solo hablaba por sí misma, sino también por millones de personas que se enfrentaban a la discriminación racial.

El lenguaje nos da el poder de expresar nuestra experiencia, de reconectar con el mundo y de cambiar nuestra vida y la de otras personas.

«No hay mayor angustia que llevar una historia no contada dentro de ti», escribió Angelou. El silencio es dolor. Pero es un dolor con un itinerario de salida. Cuando no podemos hablar, podemos escribir. Cuando no podemos escribir, podemos leer. Cuando no podemos leer, podemos escuchar. Las palabras son semillas. El lenguaje es una vía de retorno a la vida. Y a veces es el consuelo más vital que tenemos.

El poder del por qué

Esta es una cosa que me han preguntado en varias ocasiones: «¿Escribir sobre malas experiencias te hace sentir peor?».

Entiendo por qué me hacen la pregunta, pero para mí la respuesta es un rotundo «No».

Lo descubrí hace años. Cuando estaba muy enfermo, en el más bajo de mis momentos bajos, cuando apenas podía hablar, escribí lo que estaba sintiendo. Un día apunté las palabras «peso invisible». Otro día escribí «Ojalá pudiera abrirme la cabeza con las manos y sacarme la parte del cerebro que hace que me sienta así». Anoté cosas aún más oscuras. Pero escribir la oscuridad no hizo que me sintiera oscuro. Ya me sentía oscuro. Escribir las cosas sacó esa oscuridad interior a la luz del exterior.

Ahora, a veces escribo sobre lo que deseo. La clave para ello es la sinceridad. Ser brutal, humillantemente sincero. Lo recomiendo.

Por ejemplo, podrías escribir «Quiero tener los abdominales como una tableta de chocolate».

Y puede que verlo en la página haga que, automáticamente, te des cuenta de algo relativo a ese deseo. Quizá haga que te sientas tonto por tenerlo. A lo mejor ya estás despertando otra parte de ti que te ayude a disminuir ese anhelo. Pero, en cualquier caso, es bueno hacerse una sencilla pregunta después de escribirlo. «¿Por qué?» «¿Por qué quiero tener los abdominales como una tableta de chocolate?» Y luego ser completamente sincero en tu respuesta. «Quiero tener buen aspecto.» Y de nuevo: «¿Por qué?» «Por mí.» Y tal vez entonces te quedes mirando esa respuesta durante un rato y sientas que no has sido sincero del todo. Así que añades: «Para impresionar a los demás». Y, a continuación, como una especie de Sócrates incesante, pregúntatelo otra vez: «¿Por qué?» «Porque quiero su aprobación.» «¿Por qué?» «Porque quiero encajar.» «¿Por qué?» Y puedes seguir adentrándote cada vez más en el túnel de los «por qués» hasta que alcances la luz de la comprensión. Y quizá lo que comprendas sea que desear esa tableta de chocolate no tenía nada que ver con la tableta de chocolate. No guardaba relación con tu cuerpo. Ni siquiera se trataba de la salud o la fuerza o de estar en forma. Se trataba de algo distinto por completo. De algo que no se abordaría ni se solucionaría fundamentalmente consiguiendo la tableta de chocolate.

Escribir es, entonces, una forma de ver. Una forma de ver tus inseguridades con mayor claridad. Una forma de arrojar luz sobre las dudas y los sueños y de darte cuenta de con qué guardan relación en realidad. Puede disolver todo un charco de preocupaciones bajo la brillante luz de la verdad.

Los vacíos de la vida

Si vas sacando objetos de una habitación, uno por uno, ocurrirán dos cosas. La primera es obvia. Echarás de menos algunos de los objetos que te has llevado. La segunda es que te fijarás más que nunca en las cosas que quedan. Centrarás la atención. Habrá más probabilidades de que leas los libros que continúan en las estanterías. Apreciarás más las sillas restantes. Y, si hay un tablero de ajedrez, es más posible que juegues. Cuando nos quitan cosas, lo que queda tiene más valor. Crece no solo en visibilidad, sino también en intensidad. Lo que perdemos en amplitud lo ganamos en profundidad.

Unos cuantos noes

No envidies cosas que en realidad no querrías.

No asumas críticas de personas a las que no acudirías en busca de consejo.

No tengas miedo de perderte fiestas de las que seguramente querrías marcharte.

No te preocupes por encajar. Sé tu propia tribu.

No discutas con personas que nunca te entenderán.

No creas que nadie lo tiene todo claro.

No pienses que existe una cantidad de dinero o de éxito o de fama que puede protegerte del dolor.

No creas que existe un tipo de cara o de trabajo o de relación que salvaguarda la felicidad.

No digas sí a cosas a las que desearías tener la confianza suficiente para decir no.

No te preocupes si lo haces.

Fundamento

Los demás importan Pero no tiene sentido convertirte en
otra persona para encontrar amigos. Para encontrar a personas a las que caerles bien, primero es necesario *ser* tú.

Saxífraga púrpura

La planta más resistente del mundo es la saxífraga púrpura. Tiene unas flores de aspecto delicado, con unos pétalos de color púrpura que parece que el viento fuera a llevarse en cualquier momento. Sin embargo, crece en el Ártico. Las flores sobreviven agrupándose, muy cerca del suelo, para ofrecerse unas a otras cobijo contra las condiciones más duras de la Tierra.

Conectados

Todos causamos un impacto los unos en los otros. Todos estamos conectados de muchas formas visibles e invisibles. Y posiblemente eso explique por qué uno de los caminos más fáciles y rápidos hacia la felicidad parece ser hacer feliz a otra persona. La razón para ser generoso es egoísta. Nada nos hace sentir mejor que no pensar en nuestros *yoes*.

Una cosa que descubrí hace poco

Me encanta la quietud. La lentitud. Cuando no ocurre nada. El azul del cielo. Inhalar aire limpio. Trinos por encima del ruido del tráfico. Pisadas solitarias. Flores primaverales que se abren desafiantes. Antes pensaba que los terrenos silenciosos parecían muertos. Ahora los siento más vivos. Como agacharse y escuchar el latido de la tierra.

Pera

El impulso hacia delante es maravilloso. Pero también necesitamos impulso hacia un lado. Por ejemplo, acabo de sentarme y me he comido una pera. No tengo ni idea de qué me tiene reservado el futuro, pero estoy muy agradecido por estar vivo y poder sentarme en un sofá y comerme una pera.

Tostada

Buscar continuamente el significado de la vida es como buscar el significado de una tostada. A veces es mejor comérsela sin más.

Hummus

Cocinar puede resultar terapéutico. Pero opino que el tipo de cocina más terapéutico es aquel en el que no hay que cocinar *de verdad*. En el que la receta es tan sencilla que solo hay que juntar todos los ingredientes y mezclarlos. Una especie de fiesta para alimentos. Un popurrí literal. Y lo que más me gusta no-cocinar es el hummus. El hummus es en y por sí mismo una comida que consuela, y seguro que por eso —una vez que se conoció más allá de Oriente Próximo— triunfó tan deprisa. No sé qué es lo que resulta tan reconfortante del hummus. Yotam Ottolengui habla de su «poder emotivo» y de que, en Oriente Próximo, provoca graves rivalidades. Por alguna razón, parece *algo más* que una comida. Es la salsa para untar por defecto. Oxígeno culinario. Me cuesta imaginarme un mundo sin hummus. Bueno, no tanto. Pero sería un mundo ligeramente más triste. Llevo años elaborando mis propias variantes, pero hace poco que di con mi fórmula favorita.

En cuanto a los ingredientes, coge dos botes de garbanzos escurridos, una cucharada enorme de tahíni, ajo (en lo que a la cantidad se refiere, peca por el lado incauto), unos cuantos chorros de aceite de oliva, el zumo de un limón, un poco de agua para darle textura y una pizca generosa de comino, cayena y sal. Tritúralo todo. Sirve con más comino y aceite. Coge pan, mejor si está calentito y reciente. Un bollo con aceitunas, pan de pita, lo que sea. Arranca un trozo, y moja, y que aproveche.

Siempre hay un camino que cruza el bosque

Me he pasado la mayor parte de mi vida pensando en la esperanza. En los últimos años, he pasado mucho tiempo escribiendo sobre ella. Antes de ese momento, me aferraba a la esperanza como un bebé a la mantita que le da seguridad. A los veintitantos, sufrí una crisis. Una combinación de depresión mayor y trastorno de pánico que me hundió tanto que me pasé tres años deseando con todas mis fuerzas morirme. Es difícil cultivarla estando sumido en tal estado de desesperación, pero, de alguna manera, hice acopio de la esperanza suficiente para seguir viviendo y ver un futuro mejor.

Puede que hoy en día la esperanza parezca un bien escaso para todos. Las pandemias, las injusticias feroces, la agitación política y las desigualdades manifiestas pueden hacer mella en nuestras reservas. Y, sin embargo, si algo tiene la esperanza es que es persistente. Tiene la capacidad de existir incluso en las épocas más turbulentas.

La esperanza no es lo mismo que la felicidad. No tienes que ser feliz para tener esperanza. Más bien tienes que aceptar lo incognoscible del futuro y que existen versiones de ese futuro que podrían ser mejores que el presente. La esperanza, en su forma más simple, es la aceptación de la posibilidad.

La aceptación de que, si de repente nos hallamos perdidos en un bosque, habrá un camino que lo cruce.

Solo necesitamos un plan y algo de determinación.

Pizza

El cielo no es más bello si tienes la piel perfecta. La música no resulta más interesante si tienes los abdominales como una tableta de chocolate. Los perros no son mejores compañeros si eres famoso. La pizza está buena sea cual sea tu puesto de trabajo. Lo mejor de la vida existe más allá de las cosas que se nos exhorta a anhelar.

Un pequeño plan

Sé curioso. Sal a la calle. Acuéstate a tu hora. Hidrátate. Respira desde el diafragma. Come contento. Créate una rutina lo bastante holgada como para poder vivir en ella. Sé amable. Acepta que no le caerás bien a todo el mundo. Valora a aquellos a quienes sí les caes bien. No dejes que te definan. Permítete cagarla. Quiere lo que ya tienes. Aprende a decir no a las cosas que entorpecen la vida. Y a decir sí a las cosas que te ayudan a vivir.

Escalas

A menudo se nos anima a ver la vida como una cuesta arriba continua. Hablamos de escalas sin siquiera pensarlo. Escalas profesionales. Escalas inmobiliarias. De encontrarnos en el último peldaño de la escala. Hablamos de avanzar en la escala. Hablamos de remontar. Hablamos de las dificultades del ascenso. Al hacerlo, visualizamos la vida como una especie de carrera vertical, como si fuéramos rascacielos humanos intentando tocar las nubes. Y solo alguna vez nos arriesgamos a mirar hacia arriba, hacia el futuro, o hacia abajo, hacia el pasado, nunca a nuestro alrededor, hacia el infinito paisaje horizontal del presente. Lo malo de las escalas es que no te dejan espacio para moverte de un lado a otro. Solo para caer.

La vida no

es una escala que ascender
es un puzle que resolver
es una llave que encontrar
es un destino que alcanzar
es un problema que arreglar

La vida sí

«se comprende hacia atrás; pero debe
vivirse hacia delante».

SØREN KIERKEGAARD

Mi fórmula para expresar la grandeza en el ser humano
es *amor fati*: que no quiere que nada sea distinto, ni hacia
delante, ni hacia atrás, ni en toda la eternidad.
No limitarse a soportar lo que es necesario, ni mucho
menos esconderlo […], sino amarlo.

FRIEDRICH NIETZSCHE

Capítulo

No tiene sentido pasarte la vida entera intentando conquistar el amor que no sentiste cuando lo necesitabas. A veces no queda más remedio que dejar atrás una vieja historia y empezar la tuya. Date un poco de amor. No puedes cambiar el pasado. No puedes cambiar a los demás. Pero sí puedes cambiarte a ti. Eres el narrador de esta historia. Así que empieza a escribir un capítulo nuevo.

Habitación

Imagina que te lo perdonas todo. Los objetivos que no alcanzaste. Los errores que cometiste. En lugar de confinar esos fallos en tu interior para definirte y repetírtelos, imagina que dejas que tu pasado cruce flotando tu presente y se aleje como el aire a través de una ventana, como ventilando una habitación. Imagínatelo.

No

No.

No, no quiero.

No, no quiero escribir ese artículo sin cobrar.

No, no me apetece lo del martes.

No, no quiero otra copa.

No, no estoy exactamente de acuerdo contigo en eso.

No, no siempre puedo animarme de golpe.

No, no fui maleducado por no contestar a un mensaje que no llegué a ver.

No, si te parece bien, no quiero colaborar contigo.

No, no me estoy volviendo tonto.

No, no puedo concertar ninguna cita en julio.

No, no quiero tu folleto.

No, no quiero seguir viéndolo.

No, mi amabilidad no es debilidad.

No, no son los próximos Beatles.

No, no voy a aguantar esa gilipollez.

No, mi masculinidad no significa que no deba llorar.

No, no necesito comprar lo que estás vendiendo.

No, no me da vergüenza buscar tiempo para mí.

No, no voy a ir a tu reunión de reencuentro del instituto, cuando nunca me dirigiste la palabra en el instituto.

No, no voy a seguir disculpándome por ser yo mismo. No.

No es una buena palabra. Te mantiene cuerdo. En una época de sobrecarga, no en realidad es sí. Es sí a tener el espacio que necesitas para vivir.

Sé humilde, pues estás hecho de tierra.
Sé noble, pues estás hecho de estrellas.

PROVERBIO SERBIO

El laberinto

Es raro escapar de un laberinto al primer intento. Y, cuando estamos atrapados en un laberinto, no podemos salir siguiendo el mismo camino que nos llevó a perdernos. Escapamos probando rutas nuevas. No tenemos la sensación de haber fracasado cuando nos topamos con un callejón sin salida. De hecho, valoramos ese nuevo conocimiento. Ahora hay un callejón sin salida que ya no volveremos a probar. Todos los callejones sin salida y las calles cortadas nos ayudan a escapar del laberinto. Para saber qué camino elegir, es útil tomar unos cuantos equivocados.

El conocimiento y el bosque

«Conoce a tu enemigo.» En el clásico tratado militar chino *El arte de la guerra*, Sun Tzu dio un consejo que ha resonado a lo largo de los siglos.

Es un consejo intemporal porque está claro que no es pertinente solo para la guerra. Si comprendemos a fondo, por citar unos cuantos casos, la depresión, o una enfermedad física, o la naturaleza del cambio climático, o la injusticia, eso nos ayuda a combatirlas. Sin conocimiento de nuestras dificultades, estaríamos metidos en un aprieto.

Por ejemplo, es probable que una persona normal y corriente a la que arrojaran en plena selva amazónica tuviera problemas para sobrevivir, porque no entendería todas las amenazas a las que se enfrenta. Pero Juliane Koepcke no era una persona normal y corriente. Era una persona con conocimientos.

En la Nochebuena de 1971, cuando tenía diecisiete años, Koepcke cayó desde el cielo, sujeta a su asiento con el cinturón de seguridad, después de que un rayo impactara contra su avión mientras sobrevolaba Perú. Las otras noventa y una personas que viajaban a bordo murieron, incluida su madre, pero ella sobrevivió a la caída y consiguió liberarse del asiento una vez que atravesó el dosel arbóreo de la selva.

Koepcke sentía dolor. Estaba conmocionada. Se había roto una clavícula y tenía cortes profundos en las piernas. También temía por su propia vida. Ante la imagen de otros cuerpos muertos, se sintió «paralizada por el pánico». Reunió unas cuantas provisiones que encontró entre los restos del avión e intentó hallar el camino de regreso a la civilización.

Koepcke sabía muchas cosas sobre la selva. Sus padres eran zoólogos. Antes del accidente, había pasado más de un año viviendo con ellos en un centro de investigación situado en el interior de la selva peruana. Según sus propias palabras, sabía que, con el conocimiento como arma, aquello no tenía por qué ser el «infierno verde» que la gente imaginaba.

Así, por ejemplo, la joven sabía que las serpientes podían camuflarse para parecer hojas secas. Conocía el sonido del canto de varias aves. Sabía en qué señales debía fijarse para encontrar agua y terminó dando con un arroyo. Su padre también le había dicho una vez que, si seguías el curso de una corriente, terminarías por encontrar la civilización.

Como describe en su libro *Cuando caí del cielo*, pasó junto a buitres que se alimentaban de cadáveres. Las serpientes, los mosquitos y las arañas letales eran una amenaza constante. Una de las heridas se le infestó de gusanos. Padeció el calor del sol. Pero el conocimiento la asistió en todo momento.

Decidió caminar por el agua del riachuelo siempre que le fuera posible para evitar las serpientes, las arañas y las plantas venenosas del suelo de la selva. Permaneció en el centro del arroyo para burlar a las pirañas, que sabía que solían nadar en las aguas menos profundas. Sabía que eso quería decir que seguramente se topara con algún caimán, pero también sabía que, al contrario que las serpientes, los caimanes rara vez atacaban a los humanos.

Continuó caminando a pesar de que la herida infestada le dolía cada vez más. Ya no le quedaba comida. Se sentía agotada y sumida en una especie de estado onírico. Sin embargo, tenía una determinación que creía haber heredado de su padre: «Cuando de verdad nos hemos decidido a alcanzar algo —me dijo mi padre en una ocasión—, lo alcanzamos. Solo tenemos que quererlo, Juliane».

Permaneció atenta a los posibles senderos de la selva, encontró uno y, entonces, lo siguió. La llevó a una cabaña abandonada ante la que había un litro de gasolina. También le habían enseñado que, en caso de emergencia, la gasolina puede ser un (doloroso) remedio para las heridas gravemente infectadas, así que la utilizó para vendarse el corte.

Al final, el undécimo día, oyó voces humanas y los habitantes de la selva que la encontraron la llevaron de vuelta a la civilización en una larga travesía en barco. El día posterior a su rescate, se reencontró con su padre.

La historia de Koepcke acabaría siendo el tema del documental *Alas de esperanza*, dirigido por Werner Herzog, que en un principio también debería haber embarcado como pasajero en el infausto avión. Juliane se licenció en

Biología y mantuvo viva la tradición familiar de la zoología, ya que actualmente es la bibliotecaria de la Bavarian State Collection of Zoology de Múnich.

Por supuesto, es poco probable que nos encontremos perdidos en plena selva amazónica tras un accidente de avión. Pero, cuando nos sentimos perdidos y desamparados en los enmarañados bosques de nuestra propia vida, también podemos llegar a conocer el territorio. Y plantarles cara a nuestras heridas y ser conscientes de las serpientes metafóricas de los matorrales, sin dejar que la ignorancia o la negación nos entorpezcan, usando el autoconocimiento como arma.

Mentes y ventanas

Conocerse es complicado. No siempre debes confiar en tu mente. A veces miente, o juega malas pasadas, o no te ofrece una perspectiva global. Es capaz de convencerte de que eres terrible.

Una mente es real *como mente* de la misma manera en que una ventana es real *como ventana*. Pero eso no quiere decir que el panorama que ves a través de la ventana sea el panorama completo. A veces el cristal está sucio, o empañado, o salpicado de gotas de lluvia, y a veces hay un camión enorme aparcado justo delante de la ventana y eso obstaculiza la vista. También es posible que la ventana resulte totalmente engañosa. Por ejemplo, si solo pudieras mirar a través de una vidriera de color rojo, quizá tu percepción fuese que el mundo es tan rojo e inhóspito como un desierto marciano. Aunque al otro lado no hubiera más que exuberantes campos verdes.

Una paradoja

Un terapeuta me dijo una vez que la queja más habitual entre sus pacientes era la de sentir que no encajaban. La sensación de ser impostores o de quedarse fuera de las cosas, de no estar integrados. De no ser capaces de conectar fácilmente con los demás. Me resultó tan tranquilizador como paradójico. Que una de las sensaciones más comunes entre la gente fuera la de no encajar *entre la gente*. El consuelo, entonces, es la peculiar verdad de que, en cierto sentido, cuando tenemos más en común con los demás es cuando nos sentimos desplazados y solos. El aislamiento es lo más universal que hay.

Cruce

A veces, cuando hemos de tomar una decisión, sentimos que tenemos que tomarla deprisa. De hecho, la palabra *decidido* se emplea a menudo como sinónimo de *rápido*. Pero, cuando llegamos a un cruce, lo mejor suele ser parar, esperar un poco en el semáforo y consultar el mapa. A fin de cuentas, el movimiento no es progreso si avanzamos en la dirección incorrecta.

Felicidad

La felicidad se da cuando te olvidas de quién se espera que seas. Y de qué se espera que hagas. La felicidad es un accidente de la autoaceptación. Es la brisa cálida que notas cuando le abres la puerta a quien eres.

Cuando una puerta de felicidad se cierra, otra se abre; pero muchas veces nos quedamos mirando la puerta cerrada durante tanto tiempo que no vemos la que se nos ha abierto.

HELEN KELLER, *We Beraved*

Una cosa bella

Experimenta una cosa bella al día. Por pequeña que sea. Por trivial que sea. Lee un poema. Ponte una canción que te guste. Ríe con un amigo. Contempla el cielo justo antes de la última caída del sol hacia la noche. Ve una película clásica. Cómete un trozo de tarta de limón. Lo que sea. Tan solo recuérdate con algo sencillo que el mundo está lleno de maravillas. Aunque estemos en un punto de la vida en el que no seamos capaces de valorarlas, a veces ayuda recordar que en este mundo hay cosas que disfrutar cuando estemos preparados.

Crecimiento

Crecemos debido a las malas rachas. El crecimiento es cambio. Y, cuando todo es sencillo, no tenemos motivos para cambiar. Los momentos más dolorosos de la vida nos expanden. Y, cuando el dolor se marcha, el espacio permanece. Un espacio que podemos llenar de la vida misma.

Pasta

No hay apariencia física por la que merezca la pena no comer pasta.

Cómo ser aleatorio

Cuando busco alguna prueba de la extraña aleatoriedad de mi existencia, pienso en las generaciones inmediatamente anteriores a la mía. Pienso en mi abuela paterna, que estudió Arte Dramático en Central Saint Martins en la década de 1930. Como parte del programa de estudios, pasó un año de prácticas en una Academia de Bellas Artes de Viena. Mientras estaba allí fue testigo de la anexión de Austria a la Alemana nazi por parte de Hitler, en 1938. Mi abuela era judía. Y, casi justo después de la anexión —del Anschluss—, las personas judías se convirtieron en objetivo de los nazis. Las hicieron desfilar por las calles, las obligaron a limpiar pintadas, las humillaron públicamente. Mi abuela consiguió escapar. Cogió el último tren con destino a Francia que pudo encontrar y, según la leyenda familiar, solo le permitieron subir a bordo tras flirtear con el nazi que hacía guardia en la estación. Era poco más que una adolescente. Después, como consecuencia directa de esa proximidad con los terrores del nazismo, cuando estalló la guerra decidió convertirse en enfermera voluntaria y se enamoró de mi abuelo cuando este sufrió quemaduras durante el Blitz.

Tuvieron tres hijos. Uno de ellos fue mi padre, que en la década de 1960 dejó la Universidad de Oxford para estudiar Arquitectura en Sheffield. Fue allí donde conoció a mi madre, que había dejado la Escuela de Arte Dramático de Bristol para ir a estudiar Magisterio en South Yorkshire. Mi madre, a la que habían abandonado siendo un bebé por razones que aún no comprende, se crio con sus padres adoptivos en una granja de Devon, a cientos de kilómetros de distancia del hogar de la infancia de mi padre, en Sussex, y sus caminos no se cruzaron hasta que ambos entraron en el pub Queen's Head de Sheffield un día de 1969.

No es una historia extraordinaria. O, más bien, es tan extraordinaria como la historia de los orígenes de cualquier otra persona. Todos provenimos de la aleatoriedad. Existimos partiendo de la incertidumbre. Partiendo de la casi imposibilidad. Y sin embargo existimos. Así que, cuando sientas que todo está en tu contra, es importante que te des cuenta de que nunca estará tan en tu contra como cuando no existías. Y aquí estás, aquí estamos, existiendo.

El futuro está abierto

No tienes que conocer el futuro para sentir esperanza. Solo tienes que abrazar el concepto de posibilidad. Aceptar que lo incognoscible del futuro es la clave y que hay versiones de ese futuro que son más luminosas y hermosas que el presente. El futuro está abierto.

Ser, no hacer

No tienes que extenuarte tratando de *dar con* tu valía. No eres un iPhone que necesite una actualización. Tu valía no es una condición de la productividad o del ejercicio físico o de la forma corporal o algo que pierdas debido a la inactividad. La valía no es un plato chino al que haya que darle vueltas continuamente. La valía está ahí. Es intrínseca, innata. Está en el *ser*, no en el *hacer*.

Breve

La vida es breve. Sé bondadoso.

Tostadas con mantequilla de cacahuete

Necesitarás:

Dos rebanadas de pan

Un bote de mantequilla de cacahuete

Preparación:

1. Mete las rebanadas de pan en la tostadora.

2. Espera un minuto o dos. Saca el pan de la tostadora y colócalo en un plato.

3. Con un cuchillo, esparce la mantequilla de cacahuete generosamente por un lado de la tostada. Hazlo desplazando el cuchillo siempre en la misma dirección por encima de la tostada. No sé por qué. Pero resulta más agradable así.

4. No tengas prisa. Crea una atmósfera de apreciación moviendo el cuchillo a un ritmo constante, como de taichí. Este momento debería tener la integridad de un ritual religioso.

5. Llévate el plato de las tostadas a tu asiento favorito. Siéntate. Serénate. Sé totalmente consciente de lo asombroso que es ser un ser sintiente. Ser consciente de que es-

tás vivo no solo como ser humano, sino como un ser humano a punto de comerse unas *tostadas con mantequilla de cacahuete*.

6. Cierra los ojos cuando des el primer bocado. Deja que tus preocupaciones se alejen flotando, liberadas de sus ganchos, mientras valoras este momento vital de sabor y placer.

7. Si no te gusta nada la mantequilla de cacahuete, está demostrado que este ritual de gratitud y atención también funciona con mermelada.

SEGUNDA PARTE

Vacía tu mente, sé amorfo, moldeable, como el agua. Si pones agua en una taza, se convierte en la taza. Si pones agua en una botella, se convierte en la botella. Si la pones en una tetera, se convierte en la tetera. El agua puede fluir o golpear. Sé agua, amigo mío.

BRUCE LEE

Río

La gente habla mucho sobre los flujos. El flujo de trabajo. El flujo musical. El flujo del yoga. El flujo vital. Si estamos estresados por algo, es posible que nos aconsejen «dejarnos llevar» por el flujo de los acontecimientos. ¿Qué quiere decir eso? En *Siddhartha*, la novela de Hermann Hesse acerca del descubrimiento espiritual de un hombre, el autor escribe: «El río es igual en todo su recorrido». De hecho, parte de la historia gira en torno a un río. El personaje principal, el propio Siddhartha, se propone vivir su vida cerca de un río que le ofrece inspiración espiritual. Las voces del agua le enseñan aceptación y espiritualidad. Al borde del suicidio, se sume en un sueño profundo y la voz tranquilizadora del río, que le enseña a descubrir una espiritualidad que no había conocido nunca, lo salva. Más tarde, la corriente le enseña que el tiempo es una ilusión y que todos sus problemas y dolores forman parte de una hermandad más amplia de la naturaleza. Los acontecimientos individuales no significan nada *por sí mismos*, sino que son parte de una totalidad mayor y solo pueden comprenderse dentro del todo. Eso es lo que el río le enseña.

Para mí, el flujo de la vida tiene que ver con aceptar las cosas como parte de algo mayor. Aceptar cada molécula de agua como parte del río. Eso me reconforta cuando paso por momentos de aflicción o sufrimiento.

El dolor es egoísta. Exige atención exclusiva. Pero todo momento es parte de una totalidad. Todo momento es una pincelada en un cuadro —pongamos que en el cuadro de un río— que, cuando retrocedemos unos pasos, es bastante hermoso. He tenido momentos de dolor tan intenso que quería que todo terminara. Pero, retrocediendo unos pasos, no son más que sombras que acentúan la luz.

Dique

Deja que fluyan. Todos esos pensamientos inexpresados. Todos esos sentimientos reprimidos. Todas esas dificultades no reconocidas. Todos esos secretos culpables. Todos esos recuerdos dolorosos. Todos esos rincones ocultos. Todas esas verdades incómodas. Todas esas heridas desnudas. Todas esas ideas embarazosas. Todos esos anhelos latentes y deseos negados. Toda esa agua que se acumula tras el dique. No esperes a que la presión aumente. No esperes a estallar de par en par. Deja que fluyan. Y fluyan. Y vuelvan a fluir.

Ningún hombre puede cruzar el mismo río dos veces, porque ni el hombre ni el agua serán los mismos.

HERÁCLITO

Elementos de esperanza

Tierra, agua, fuego, aire.

Todo conecta.

Todo lo que hay en el universo está relacionado con todo lo demás que hay en el universo.

«No puedes decir que A está hecho de B o viceversa —dijo el físico Richard Feynman—. Toda masa es interacción.» Y quizá lo que es cierto para la materia sea cierto para la psicología y nuestro yo emocional. El dolor conecta con el placer a través del tiempo. Un presente placentero evoluciona y conecta con el dolor de la aflicción cuando se convierte en un recuerdo. Pero, de igual modo, también en la desesperación profunda, el saber de épocas mejores (o incluso el saber de épocas *potencialmente* mejores) puede ayudarte a salir adelante. Y, a veces, incluso dentro de esos momentos de desesperanza, llegamos al placer *a través de la desesperación*. Debo tener cuidado con cómo expreso esto, porque no estoy seguro de entenderlo del todo, pero hubo un tipo de placer que conocí desde *dentro* de la depresión. No pretendo restarle importancia a la depresión. Fue intensa, y puso mi vida en peligro, y yo quería que terminase y no tenía ni idea de cuándo ni de cómo lo haría, pero —*pero*—, a pesar de eso —no, *debido a* eso—, cuando experimentaba un momento de belleza o de alivio, este adquiría muchísimo poder. El cielo nocturno casi siempre cantaba con hermosura. Un beso o un abrazo magnificaban su significado. Era casi como si, en esos momentos, la vida del exterior de mi mente percibiera la fuerza destructiva de mi interior e intentara combatirla con asombro.

Piensa que todo cuerpo humano contiene trazas de elementos como el cobre y el zinc y el oro entre ingentes cantidades de carbono y oxígeno e hidrógeno. De igual forma, si pudiéramos analizar todas y cada una de las experiencias negativas que hemos tenido, encontraríamos cantidades enormes de sentimientos como el miedo y la desesperación, y también trazas de otras cosas. Alegría, esperanza, amor, felicidad. Y, en la oscuridad, incluso los fragmentos de luz más minúsculos pueden brillar, llamar nuestra atención y tal vez hasta guiarnos a casa.

Borra las cursivas

No soy *lo* bastante *popular.*
   No soy *lo* bastante *bueno.*
   No soy *lo* bastante *fuerte.*
   No soy *lo* bastante *digno de amor.*
   No soy *lo* bastante *atractivo.*
   No soy *lo* bastante *guay.*
   No soy *lo* bastante *guapo.*
   No soy *lo* bastante *listo.*
   No soy *lo* bastante *divertido.*
   No soy *lo* bastante *culto.*
   No soy *lo* bastante *Oxford.*
   No soy *lo* bastante *literario.*
   No soy *lo* bastante *rico.*
   No soy *lo* bastante *sofisticado.*
   No soy *lo* bastante *joven.*
   No soy *lo* bastante *duro.*
   No soy *lo* bastante *cosmopolita.*
   No soy *lo* bastante *talentoso.*
   No soy *lo* bastante *refinado.*
   No soy *lo* bastante *delicado.*

No soy lo bastante *delgado.*
No soy lo bastante *musculoso.*
No soy lo bastante *famoso.*
No soy lo bastante *interesante.*
No soy lo bastante *valioso.*

(Soy bastante.)

Consejos para mejorar un mal día

Levántate. Lávate. Vístete. Ponte de pie. Mueve el cuerpo. Deja el móvil en otra habitación. Sal a dar un paseo. Estira. Túmbate en el suelo y pon las piernas en alto apoyándolas contra la pared. Aprovecha la luz solar, si la hay. Ve, si puedes, a algún lugar verde. Un jardín, un parque, un campo, un prado, un bosque. Respira profunda, lenta y conscientemente durante un ratito. Llama a alguien a quien quieras. Si hay algo agobiante que se supone que tienes que hacer, pero que en realidad no quieres hacer, cancélalo ya. Ahora mismo. Si puedes, cocínate un buen plato y concéntrate en el proceso. Cocinar es el mejor tipo de meditación activa. Evita la luz artificial azul, sobre todo cuando haya anochecido. Admite los malos pensamientos, porque así pasan antes. Ponte en la tele algo que te guste mucho. Pero, antes de verlo, decide cuánto tiempo quieres dedicarle y cúmplelo. Si es una noche despejada, contempla las estrellas, tal como hacía Marco Aurelio hace dos mil años en los momentos de agitación. Acuéstate antes de la medianoche. No hagas demasiados esfuerzos por quedarte dormido. Simplemente deja que tu mente asimile el día y permite que todos esos miedos y frustraciones se alejen flotando.

La especie más importante de riqueza

En 1981, el estadounidense licenciado en Filosofía Steven Callahan pasó setenta y seis días a la deriva en el océano Atlántico. Iba navegando en un pequeño velero que él mismo había diseñado y construido, el *Napoleon Solo*. Estaba en el séptimo día de una travesía desde Cornwall hasta Antigua.

Una noche, durante una tormenta, una ballena impactó contra el barco. El velero se inundó de inmediato y empezó a hundirse. Callahan consiguió escapar en un bote salvavidas inflable, pero también se las arregló para bajar buceando en apnea hasta su barco varias veces y hacer acopio de algunas provisiones esenciales. Entre esas provisiones se contaban una pequeña cantidad de comida, cartas de navegación, bengalas, un arpón y un saco de dormir.

Después se alejó del barco, totalmente a la deriva. Estaba a ochocientas millas al oeste de las islas Canarias, pero encaminado en la dirección contraria. Solo tenía agua y comida para unas cuantas jornadas.

Pescó con el arpón y consiguió agua con un destilador solar, un aparato que evapora el agua salada y la destila y después la purifica. Tardó días en lograr que funcionara correctamente.

Hubo muchos momentos de esperanza frustrada. Por ejemplo, el decimocuarto día vio un barco, así que encendió una bengala y pensó que lo habían visto. Pero no tuvo esa suerte. Divisó más barcos, pero, de nuevo, no lo detectaron y pronto se encontró al sur de las vías marítimas, camino de climas cada vez más cálidos.

El malestar era inmenso. El hambre. La sed. El calor. Las llagas del agua salada en la piel.

Mentalmente, según explicó él mismo, fue igual de duro. No solo por la amenaza continua de los tiburones, sino también por sus propios pensamientos.

«Tenía mucho tiempo para pensar y me arrepentí de todos y cada uno de los errores que había cometido en mi vida —le dijo al periódico *The Guardian* en 2012—. Estaba divorciado y sentía que había fracasado en las relaciones humanas en general, en los negocios y ahora también incluso en la navegación. Deseaba con todas mis fuerzas superar aquel trance para poder hacer de mi vida algo mejor.»

Transcurrieron cincuenta días y la situación parecía desesperada.

Había pasado más de una semana intentando mantener a flote el deteriorado bote salvavidas con una bomba de aire, pero ya no le quedaban fuerzas. Se derrumbó. Sin embargo, consiguió recomponerse lo justo para descubrir la manera de reparar el bote de manera temporal.

Entonces se le rompió el destilador. Supo, como es lógico, que iba a morir, puesto que solo le quedaban tres latas de agua. Sintió que tanto su mente como su cuerpo dejaban de funcionar. Había perdido un tercio de su peso. No podía más. Su uso de las bengalas y las balizas no había desencadenado ningún intento de rescate.

«Sentía a mi alrededor a todas las personas que se habían perdido en el mar desde el principio de los tiempos.»

En un momento dado, devolvió al mar unos desperdicios de tripas de pescado. Y eso provocó que las aves marinas empezaran a sobrevolar el bote.

Las aves marinas llamaron la atención de unos pescadores del archipiélago de Guadalupe. Encontraron a Callahan el septuagésimo sexto día que pasaba en el bote y lo llevaron a tierra, donde finalmente se recuperaría en un hospital.

Aunque la experiencia fue aterradora y estuvo a punto de costarle la vida, Callahan no lamentó haber pasado por ella. Y jamás lo apartó de la navegación.

En su libro *A la deriva. Setenta y seis días perdido en el mar*, habla de que ya no siente arrepentimiento por su vida y de que ha aprendido a ser agradecido. «La condena que vivo ahora me ha entregado en mano una especie de riqueza, de la índole más importante. Valoro cada instante que vivo sin dolor, desesperación, hambre, sed o soledad.»

Aún más destacable es su recuerdo de los momentos hermosos *durante* el trance. La imagen de un cielo nocturno despejado, estrellado, lo sobrecogió de asombro. «Ver el cielo desde un asiento en el infierno.»

No hay nada más fuerte que una pequeña esperanza que no se rinde.

No hay nada más fuerte que una pequeña esperanza que no se rinde.

No hay nada más fuerte que una pequeña esperanza que no se rinde.

Deja que todo te suceda: la belleza y el terror,
Sigue adelante.
Ningún sentimiento es eterno.

RAINER MARIA RILKE, *El libro de horas*

Un recordatorio para las épocas difíciles

Un día esto habrá acabado. Y agradeceremos la vida de maneras que antes jamás creímos posibles.

El pez cabra amarillo

El pez cabra amarillo es un hermoso pez dorado —parecido en tamaño y comportamiento a un salmonete— vulnerable a numerosos depredadores más grandes —entre ellos los humanos— cuyo hábitat son las aguas que rodean Hawái. Hace poco que los submarinistas de la zona han empezado a reparar en un pez llamativo y mucho más grande, de un color amarillo dorado idéntico, que nada en el mismo mar. Cuando pasan justo al lado del animal de mayores dimensiones, este deja enseguida de ser un pez grande y se divide en alrededor de ocho peces cabra amarillos de tamaño estándar. Parece ser que, cuando se sienten amenazados, nadan extremadamente juntos, en una formación con perfecta forma de pez. Es otro de los millones de ejemplos que encontramos en la naturaleza de cómo los seres vivos nos despojamos de nuestra vulnerabilidad cuando nos unimos y nadamos como uno solo.

Los humanos también podemos salvarnos unos a otros. Todos los años, las luchas por los derechos humanos, las catástrofes o las pandemias son ejemplos de cómo las per-

sonas aúnan esfuerzos ante una crisis. De cómo los vecinos recurren a los vecinos. Los amigos a los amigos. Los
aliados a los aliados. Nos tenemos los unos a los otros. La
unión es una regla de la naturaleza.

Lluvia

No tienes que ser positivo. No tienes que sentirte culpable por el miedo o la tristeza o la rabia. La lluvia no se detiene porque le digas que lo haga. A veces solo hay que dejarla caer, dejar que te cale hasta los huesos. Nunca llueve eternamente. Y debes saber que, por más que te empapes, tú no eres la lluvia. No eres las malas sensaciones de tu cabeza. Eres la persona que *experimenta* la tormenta. Puede que la tormenta te derribe. Pero volverás a ponerte en pie. Aguanta.

La verdad y el valor y Karl Heinrich Ulrichs

Puede que «sé tú mismo» sea el consejo vital más común del planeta; sin embargo, no siempre es fácil —o incluso posible— seguirlo. Imagina que tu identidad de género o tu orientación sexual se encuentran con el estigma y la criminalización como respuesta. Imagina, por ejemplo, que eres un chico adolescente en la Alemania de la década de 1830 y que te das cuenta, sin ningún tipo de duda, de que te atraen exclusivamente los hombres. Tal vez intentaras esconderlo o reprimirlo, o negarlo. Es poco probable que se lo dijeras a tu familia. Y de hecho Karl Heinrich Ulrichs esperó hasta 1862, cuando ya tenía casi cuarenta años, para decirles a sus padres que era *Urning* (un término que él mismo acuñó, proveniente de *El banquete* de Platón) y que se sentía atraído por los hombres. Una vez dado ese paso, dio otro mayor. Empezó a escribir sobre la necesidad de la reforma sexual. Al principio lo hizo de forma anónima, pero pronto comenzó a hacerlo bajo su propio nombre. Sus escritos en defensa de una comprensión científica de la homosexualidad le acarreaban continuos conflictos con la ley, pero aun así siguió escribiendo.

Se alzó ante el Congreso de Juristas Alemanes de Múnich y exigió la derogación de las leyes antihomosexuales mientras lo abucheaban.

Ahora se lo reconoce como una figura pionera en la historia de los derechos de los gais, pero Ulrichs no tuvo una vida fácil. Su mensaje y sus campañas, e incluso su propia identidad, recibieron una oposición exaltada. La policía prohibió y confiscó sus libros en Sajonia y Berlín y en toda Prusia. Sin embargo, su espíritu se mantuvo inquebrantable, y tampoco se limitó al tema de los derechos de los homosexuales (una vez lo encarcelaron por oponerse al Gobierno prusiano tras la anexión de Hanover). Más adelante le flaqueó la salud y se mudó al sur de Italia, donde mejoró y continuó escribiendo y publicando su obra por cuenta propia.

Hoy su legado es inmenso. El profesor Robert Beachy se ha referido a él como la primera persona en «salir del armario» públicamente. Por toda Alemania hay calles que llevan su nombre. La International Lesbian, Gay, Bisexual, Transgender and Intersex Law Association ahora tiene un premio en su honor.

Aunque el coste personal para Ulrichs fue enorme, está claro que no se arrepintió de haber sido él mismo. No tuvo que esperar a ser vindicado en el futuro para ser consciente de que había hecho lo correcto al dar la cara por las personas marginadas y castigadas por ser ellas mismas. «Hasta el día en que me muera —escribió ya cerca del final de su vida—, miraré hacia atrás con orgullo por haber encontrado el valor necesario para enfrentarme al espectro que durante tiempo inmemorial ha inyectado veneno en mí y en los hombres de mi naturaleza. Muchos se han visto abocados al suicidio porque toda su felicidad en la vida estaba corrupta. En efecto, estoy orgulloso de haber encontrado el valor necesario para asestarle el golpe inicial a la hidra del desprecio público.»

Es importante recordar que, mientras que en nuestro siglo aún queda gente dispuesta a estigmatizar y criminalizar identidades y creencias que no comprende, también hay personas como Ulrichs, decididas a alzarse y ser ellas mismas sin importar cuál sea el coste personal. Y eso es una gran inspiración —de hecho, un gran consuelo— para todo el que se haya sentido estigmatizado o marginado, o como si su verdad no se correspondiera con su época.

Navega por tu mente

Las redes sociales pueden ser una galería de vidas que no estás viviendo. De dietas que no estás siguiendo. De fiestas a las que no estás asistiendo. De vacaciones que no estás disfrutando. De diversión en la que no estás participando. Así que date un respiro y navega por tu mente en vez de por ellas. Navega por tu conciencia en busca de razones para estar agradecido por ser tú. El único miedo a perderte algo que importa es el miedo a perderte algo de ti mismo.

Corriente

Aunque me he recuperado de la depresión en gran medida, la puerta nunca está cerrada del todo, sino siempre algo entornada. A veces la siento, ligera como el fantasma de una brisa, muy presente. Invisible pero perceptible. Ahora lo acepto, aunque tardé en hacerlo. El sistema binario de la enfermedad y la salud en el que creía antes significaba que o estabas mal o estabas bien. Era peligroso, porque eso quería decir que, en cuanto empezaba a sentirme un poquitín mal de nuevo, me entraba muchísima ansiedad y me deprimía por haber vuelto a estar enfermo de verdad. Se convertía en una profecía autocumplida. Me ponía enfermo porque creía que lo estaba.

La realidad de la salud, y en especial la de la salud mental, suele ser ambigua. No es cuestión de o una cosa o la otra. Tenemos mil etiquetas para distintas afecciones tanto leves como graves, pero la realidad no es un simple tarro al que podamos pegarle una etiqueta para decir: esto es lo que es y no cambiará nunca. Y la salud mental tampoco es algo que se cure definitivamente, sino más bien algo por lo que siempre tendremos que velar, como un jardín que necesita cuidados, hasta el último día de nuestra vida.

Aceptar esto es inquietante *y* reconfortante a la vez. Es inquietante porque significa que tenemos que aceptar que los malos sentimientos y recuerdos pueden volver, y es reconfortante porque sabemos que, en caso de que vuelvan, estaremos preparados para ellos y los aceptaremos como son: transitorios y cambiantes.

En la vida podemos avanzar contracorriente y encontrar siempre resistencia, o podemos dejar que nuestros pensamientos fluyan y convertirnos en el río incierto y libre.

Triste bien

¿Has experimentado alguna vez una especie de tristeza suave que casi hace que te sientas bien? ¿Como una nostalgia por un pasado perdido o un futuro robado que es amarga, pero que también te recuerda que la vida es capaz de esas cosas tan amables? ¿Y de que tú estuviste allí para presenciarlas?

(Yo sí.)

Tiburón y Nietzsche y la vida y la muerte

Existimos y después dejamos de existir. No pasa nada por sentir miedo por ello. De hecho, tal vez sea preferible. Tal como escribió el antropólogo cultural Ernest Becker: «Vivir plenamente es vivir con la conciencia del rugido de terror que subyace a todo». El miedo no es algo de lo que avergonzarse. Pero el miedo a la muerte es otro miedo al futuro, otro miedo a lo abstracto que nos aparta del presente, así que la respuesta a nuestro miedo está aquí, y es ahora, y es real.

Cuando estaba sumido en las profundidades de una crisis nerviosa, mi miedo a la vida y mi miedo a la muerte eran equivalentes. Me aterrorizaba el dolor de vivir y me aterrorizaba la aniquilación de la muerte. Parece paradójico, pero nunca he tenido más miedo a la muerte que cuando estaba intentando suicidarme activamente. Y ambas cosas parecían estar intrínsecamente relacionadas. Eran contrarias, pero también eran lo mismo. El miedo está compuesto de incertidumbre, y elegir a veces se lleva el dolor de esa incertidumbre y la convierte en algo controlable. Es una estupidez, en realidad. Quería morirme porque no quería morirme.

Me da la impresión de que el miedo a la muerte, como el miedo a cualquier otra cosa, se agrava cuando no hablamos de él y no lo hacemos visible. Los miedos se fortalecen cuando no los vemos. La gente teme a los tiburones blancos, injustamente, debido a la película *Tiburón*. Uno de los muchos datos interesantes acerca de ese taquillazo seminal del verano es que no vemos el tiburón entero hasta que llevamos una hora y veintiún minutos de película, es decir, mucho más de la mitad. Es cierto que hay aburridas razones prácticas que lo justifican —la principal, que el tiburón mecánico casi nunca funcionaba durante los rodajes—, pero eso no debilita mi argumento: el tiburón da más miedo porque no lo vemos.

Esto también es cierto, diría, en el caso de la muerte. La muerte, aún más que el sexo, es un tema escalofriantemente incómodo para muchos seres humanos, sobre todo para los que vivimos en las culturas occidentales modernas. Y, sin embargo, la muerte constituye la base de muchas de nuestras más profundas preocupaciones.

Y forma parte de la vida. Ayuda a *definir* la vida. Aumenta el valor del tiempo que pasamos aquí y el valor de las personas con las que lo pasamos. El silencio al final de la canción es tan importante como la canción en sí.

O, en palabras de Nietzsche: «La finalidad de la melodía no es su final; no obstante, si no hubiera alcanzado su final, tampoco habría alcanzado su finalidad».

Bajo el agua

Estamos donde tenemos que estar. Nunca hemos vivido en el pasado. No hay pasado. No hay futuro. Solo hay una serie de presentes. Uno detrás de otro. Y, aunque hay un número infinito de meditaciones y tutoriales en línea que nos enseñan a «habitar el presente», en realidad ya lo hacemos sin intentarlo. «La eternidad está compuesta de ahoras», como nos dijo Emily Dickinson. Así que estar «en el ahora» no es algo en lo que debamos trabajar. Cuando nos imaginamos nuestro futuro o lloramos el pasado, no estamos en ninguno de los dos: estamos habitando el presente y solo el presente, porque un recuerdo o un sueño se recuerda o se sueña con las herramientas y la textura del presente. Siempre es hoy. Ayer y mañana también son hoy.

Pero, claro está, cuando hablamos de habitar el presente nos referimos a algo más. Hablamos de cómo *disfrutar* de verdad el presente, libres de preocupaciones. De vivir de la misma forma en que imaginamos que otros animales lo hacen, sin inquietarse por lo que vendrá o sin pasar fotos de Instagram hasta que se nos caen los pulgares. De *vivir*. De «lanzarte en cada ola» y «encontrar tu eternidad en cada momento», en palabras de Henry David Thoreau. Aunque, si te soy totalmente sincero, yo diría que esto último es un tanto agotador y puede que un pelín poco práctico. Hay momentos que sencillamente van a ser algo mediocres y a pasar desapercibidos. La presión de vivir todo momento con intensidad también podría hacernos sentir que tenemos algo más en lo que fracasar. Y lo irónico para mí es que, cuando más cerca he estado de encontrar la eternidad en cada momento, fue cuando estaba deprimido y quería suicidarme. En ese punto, era agónicamente consciente de vivir en el momento. Y cada momento me parecía una eternidad. Un día era toda una vida. Las olas del tiempo a las que me veía arrojado me estaban ahogando. Estaba bajo el agua y no podía respirar.

Habría hecho cualquier cosa con tal de no estar en el momento. Por no ser consciente del momento. Por no alcanzar la consciencia completa, sino la más absoluta inconsciencia. Por hacer avanzar el tiempo a cámara rápida hacia un futuro mejor o por volver al pasado haciendo autostop.

Así pues, para mí, el objetivo de «estar en el momento» no es suficiente. Quiero tener la seguridad de que estar en el momento no me matará.

Una barrera fundamental para disfrutar el presente es el hecho de que muchos de nosotros —yo incluido— somos obsesivos. No podemos quedarnos de brazos cruzados deleitándonos en *ser* por culpa de todas esas cosas aún sin terminar. Esos correos electrónicos sin contestar, y facturas sin pagar, y objetivos sin alcanzar. ¿Cómo podemos *ser* sin más cuando hay tantas cosas que *hacer*?

El más difícil de alcanzar de todos los sueños es el de que no te atormenten tus propios sueños sin cumplir. Lidiar con la falta de realización y aceptarla como una condición humana natural. Estar completos en nuestra falta de compleción. Estar liberados de los grilletes del recuerdo, y de la ambición, estar liberados de la comparación con otras personas y otros yoes hipotéticos, y recibir el momento sin ninguna otra motivación secreta, existir tan libremente como el propio tiempo.

Espero que, cuando te llegue este correo, estés bien

Espero que, cuando te llegue este correo, estés sereno.

Espero que, cuando te llegue este correo, la bandeja de entrada no te tenga agobiado.

Espero que, cuando te llegue este correo, te halle en un estado de aceptación de que este correo no es precisamente importante en el esquema cósmico de las cosas.

Espero que, cuando te llegue este correo, tu trabajo esté felizmente incompleto.

Espero que, cuando te llegue este correo, te encuentres bajo un cielo hermoso mientras el viento te acaricia tiernamente el pelo como una madre invisible.

Espero que, cuando te llegue este correo, estés tumbado en una playa, o quizá junto a un lago.

Espero que, cuando te llegue este correo, la luz del sol te esté bañando la cara.

Espero que, cuando te llegue este correo, te estés comiendo unas uvas maravillosamente dulces.

Espero que, cuando te llegue este correo, estés bien. Pero ¿sabes qué?, que no pasa nada si no es así, porque todos tenemos días malos.

Espero que, cuando te llegue este correo, estés leyendo un poema buenísimo o cualquier otra cosa que no precise una respuesta directa por tu parte.

Espero que, cuando te llegue este correo, te encuentres muy lejos de este correo.

Una nota sobre el futuro

Nuestras ansiedades e inseguridades, parece que especialmente en Occidente, están moldeadas por nuestra exigencia de que el futuro esté desprovisto de preocupaciones. Pero es evidente que nunca tendremos esa certeza. El futuro está ahí sentado, con una pluma en la mano, negándose a firmar ese contrato en particular.

Alan Watts, un filósofo británico muy influenciado por la filosofía y la espiritualidad orientales, nos recordó que el futuro es inherentemente desconocido. «Si no podemos vivir felizmente sin un futuro asegurado, es que, desde luego, no nos adaptamos a vivir en un mundo finito donde, a pesar de los mejores planes, ocurrirán accidentes, y cuyo único final es la muerte.» Así que, en otras palabras, si exigimos que el futuro esté desprovisto de sufrimiento para ser felices, no podemos ser felices. Es como exigir que el mal esté completamente en calma antes de que naveguemos por él.

Ten cuidado con porque

Nunca es necesario justificar tu valía. No eres valioso *porque* trabajes a destajo o ganes mucho o saltes muy alto o tengas los abdominales como una tableta de chocolate o levantes un negocio o seas amable o salgas bien en los selfis o presentes un programa de televisión o seas capaz de sentarte al piano y tocar *Für Elise* de memoria. Tu valía no tiene porque. Eres la cantidad adecuada. Eres una taza llena. Eres válido por ti mismo y eso siempre es bastante.

Diez cosas que no te harán más feliz

1. Querer ser alguien que no eres.
2. Desear deshacer un pasado que no puede deshacerse.
3. Descargar tu dolor contra personas que no causaron tu dolor.
4. Intentar distraerte del sufrimiento haciendo algo que crea más sufrimiento.
5. Ser incapaz de perdonarte.
6. Querer que los demás te comprendan cuando ni siquiera se comprenden a sí mismos.
7. Creer que la felicidad es el lugar al que llegas cuando consigues tenerlo todo hecho.
8. Intentar controlar algo en un universo caracterizado por la imprevisibilidad.
9. Evitar los recuerdos dolorosos oponiéndote a un presente de satisfacción.
10. La creencia de que tienes que ser feliz.

Comprueba tu armadura

Comprueba que tu armadura emocional te esté protegiendo de verdad y que no pese tanto que no puedas moverte.

Tu problema es cómo vas a pasar esta vida única y preciosa que se te ha entregado: si vas a pasarla intentando quedar bien y creando la ilusión de que tienes poder sobre las circunstancias o si vas a saborearla, disfrutarla y descubrir la verdad sobre quién eres.

ANNE LAMOTT, discurso de graduación de Berkeley

Un ser humano, siendo

Tu valía eres tú. Tu valía es tu presencia. Tu valía está ahí. Tu valía no es algo que *te ganes*. Tu valía no es algo que *te compres*. Tu valía no es algo que adquieras a través del *estatus* o la *popularidad* o los *abdominales* o *teniendo una cocina superelegante*. Tu valía es tu existencia. Naciste con valía, como todos los bebés, y esa valía no desaparece por el mero hecho de que te hayas hecho algo mayor. Eres un ser humano, siendo.

Eres resistente al agua

Es más fácil aprender a estar empapado y feliz que aprender a detener la lluvia.

TERCERA PARTE

Todos nacemos con una caja de cerillos en nuestro
interior.

LAURA ESQUIVEL, *Como agua para chocolate*

Vela

Cuando las cosas se oscurecen, no vemos lo que tenemos. Eso no quiere decir que no tengamos esas cosas. Esas cosas permanecen, justo delante de nuestras narices. Solo tenemos que encender una vela, o prender algo de esperanza, y veremos que lo que creíamos que estaba perdido solo estaba escondido.

Una bolsa de momentos

Los momentos felices son valiosos. Tenemos que aferrarnos a ellos. Conservarlos. Anotarlos. Meterlos en una bolsa. Lleva contigo esa bolsa metafórica para cuando parezca que los momentos felices no existieron jamás. A veces, el simple hecho de recordar la felicidad la hace más posible.

Tu posesión más preciada

El presente es conocido. El futuro es desconocido. El presente es sólido. El futuro es abstracto. Estropear el presente preocupándote por el futuro es como quemar tu posesión más preciada solo porque quizá algún día pierdas otras posesiones de las que aún no eres dueño.

Lobo

Llorar libera hormonas del estrés. Decir palabrotas aumenta la tolerancia al dolor. La furia puede impulsarnos a actuar.

Siente lo que sientes.

El silencio y las sonrisas no son la única forma de responder al dolor.

A veces es bueno aullar.

Quemadura

Una vez me prendí fuego en una pierna por accidente.

Tenía dieciséis años. Era Nochevieja. Había bebido, como era bastante típico durante ese periodo de mi existencia, mucha sidra.

Estaba en una fiesta nocturna en el jardín de un amigo. Habíamos encendido una hoguera porque era una noche fría, como suelen serlo las de los inviernos de Nottinghamshire.

El caso es que estaba, obviamente, demasiado cerca de la hoguera, porque de pronto la gente me señalaba la pierna y gritaba como loca, y entonces bajé la mirada y vi que tenía los vaqueros en llamas.

Enseguida empecé a darme palmadas en la pierna y otros se sumaron. Apagamos el fuego, pero la pierna me dolía horrores. Entré en casa de mi amigo y me examiné la herida. Ocupaba alrededor de un tercio del muslo izquierdo. Tonos purpúreos. Supurante. Brillante. Repugnante.

«¿Estás bien?», me preguntaba la gente.

Por razones que todavía no soy capaz de entender, más allá de una profunda torpeza y vergüenza adolescentes que eran más fuertes que cualquier dolor, rechacé el ofrecimiento de que una ambulancia fuera a buscarme. Pero durante la noche el dolor era tan intenso que no podía dormir y, cuanto más me concentraba en la quemadura, más me daba la sensación de que aquella herida lo abarcaba todo.

Así que volví a casa caminado, casi diez kilómetros junto a las vías del tren. Iba cojeando, ya estaba sobrio, y el dolor era muy intenso: un dolor palpitante que me estaba provocando delirios.

«Si seguimos avanzando en línea recta, saldremos de aquí.»

En un momento dado, tuve que parar. Me senté y cerré los ojos. Un tren de mercancías pasó rugiendo a mi lado. Pensé que no conseguiría llegar a casa. A saber cómo, pero lo hice.

Mi hermana me vio la herida en cuanto entré. Ahogó un grito y estuvo a punto de desmayarse y me dijo que tenía que ir al hospital de inmediato, así que fui.

Me vendaron la herida.

El especialista me dijo, más o menos con estas palabras: «Nunca debes esperar cuando sientas dolor». Fue un mensaje en el que pensaría años más tarde, cuando quería suicidarme. «Debes ocuparte de él inmediatamente. No desaparece por fingir que no está ahí.»

Virtud

Es completamente humano ser imperfecto. Es completamente humano tener defectos. Es completamente humano tener ciertos prejuicios y tener interiorizadas algunas de las características más turbias del lugar y la época en que vivimos y del entorno en el que nos criamos. Nadie está por encima del aterrador y extraordinario caos de nuestra especie. Los humanos son capaces de momentos de brillantez y bondad, pero también de cagarla muchísimo y a lo grande. Si vemos a las personas problemáticas solo como «personas distintas a nosotros», nunca tendremos el valor de transformarnos. Y eso requiere valentía. La valentía, en palabras de Maya Angelou, es la más importante de las virtudes, porque «sin valentía no podemos practicar ninguna otra virtud con consistencia». La valentía es esencial para que nos miremos a nosotros mismos sin rehuirnos. Y, por supuesto, si convertimos ser problemático en algo totalmente prohibido, nunca admitiremos ni abordaremos ni arreglaremos nuestros defectos con sinceridad. Necesitamos luz plena para crecer. La virtud no es algo que obtengamos solo señalando las cosas malas que hay fuera de nosotros y sintiéndonos bien por comparación. La verdadera virtud es algo que alcanzamos mirando hacia dentro, hacia nuestros motivos y defectos y anhelos, y abordando esas partes delicadas y difíciles y contradictorias que tenemos.

(La virtud es un viaje, no un destino.)

Un árbol asimétrico es cien por cien un árbol

La perfección pertenece a otro mundo. En la Antigua Grecia, Platón hablaba acerca de la importancia de pensar en los estados ideales de las cosas. El amor ideal, la sociedad ideal, el gobierno ideal, las formas ideales. Saber de qué manera podían ser perfectas las cosas era importante para poder mejorarlas, esa era la idea general. Puede que en toda la naturaleza no exista ni un solo cuadrado perfecto, pero a un arquitecto o a un urbanista les resulta útil conocer la versión ideal de un cuadrado para poder sacarlo del ámbito abstracto y hacer todo lo posible por replicarlo. Conocer la forma perfecta de la amistad o de la educación o de la justicia también es útil, puesto que así los amigos y los profesores y los jueces pueden replicarla.

Todo esto está muy bien y nada más lejos de mi intención que meterme en una pelea con Platón, que, al parecer, además de filósofo era luchador, pero los problemas empiezan cuando nos dicen que podemos alcanzar la perfección teniendo la cuenta bancaria o la aplicación o el entrenador personal adecuados. Y luego continuamos siendo imperfectos, como lo son todas las cosas, y a lo mejor hasta nos sentimos peor por haber creído que ese mundo perfecto platónico existe.

Otro de mis motivos para no pelearme con Platón es que Aristóteles ya lo hizo. Aristóteles, que había sido su alumno, tenía una perspectiva más amplia, más prosaica sobre la vida. Creía que no debíamos concentrarnos en un mundo abstracto de formas esenciales porque este mundo de aquí —este en el que vivimos— ya contiene esas formas esenciales. Para Platón, un árbol siempre era una mala imitación de un árbol ideal, mientras que para Aristóteles un árbol siempre contiene su naturaleza esencial de árbol en su propia substancia.

Lo que ocurre con los ideales abstractos perfectos que queremos alcanzar es que jamás lo logramos. Son arcoíris intocables. Es mucho mejor, creo yo, encontrar consuelo en el mundo real. Intentar ver los árboles como versiones esenciales de árboles, y a nosotros mismos como versiones esenciales de nosotros mismos, y cultivar el espíritu esencial de quiénes somos, en lugar de aspirar a algo que ni existe ni puede existir y contemplarlo mientras se nos escapa de entre los dedos para siempre.

Trabaja con lo que tienes. Existe en este mundo. Sé el cuadrado asimétrico. Sé el árbol torcido. Sé tu auténtico yo.

Eres más que tu peor comportamiento

Si le dices a un niño que es un inútil, empezará a creer que es un inútil. Si te dices que eres un inútil, ocurre lo mismo. La persona deprimida que cree que la gente la odia tiene más probabilidades de comportarse de maneras que cumplan esa expectativa. Y, si creemos que la gente debe encajar en el burdo binarismo de «bueno» y «malo», podemos correr perfectamente el riesgo de pasarnos la vida juzgándonos por un error.

Necesitamos bondad. Necesitamos una forma de distinguir entre quiénes *son* las personas y lo que a veces *hacen* las personas. Y eso nos incluye a nosotros.

Cordialidad

No te preocupes por entregar tu corazón. Nunca te preocupes por lo que piense la gente con barreras en el corazón. La vida es cordialidad. Ya se te parará el corazón cuando mueras. Ve hacia la gente cordial. Ve hacia la vida.

Sueño

Nuestra existencia es, por sí misma, una muestra extraordinaria de la supervivencia humana. Cuando pensamos en la probabilidad de, tras 150000 generaciones, terminar aquí, vivos, ahora mismo, siendo *nosotros*, estamos contemplando una improbabilidad tan vasta que es casi una imposibilidad. Piensa en todas las historias de supervivencia terribles e improbables, en que todos los parientes que nos han precedido en la cadena de la existencia han tenido que conservar la vida y encontrar un compañero. Es la contemplación de unas probabilidades ridículas. Todos vivimos dentro de un sueño que es real. Somos los fuegos conjurados de la nada. Existimos como fruto de la casi imposibilidad. Y, sin embargo, existimos.

No hay nada más fuerte que una pequeña esperanza que no se rinde.

No hay nada más fuerte que una pequeña esperanza que no se rinde.

No hay nada más fuerte que una pequeña esperanza que no se rinde.

No hay nada más fuerte que una pequeña esperanza que no se rinde.

No hay nada más fuerte que una pequeña esperanza que no se rinde.

No hay nada más fuerte que una…

Claridad

Estás aquí. Y con eso basta.

La importancia de las ideas raras

Es bueno ser raro. Es bueno ser excéntrico. Es bueno distinguirse de la multitud. El filósofo John Stuart Mill pensaba que era casi un deber cívico ser excéntrico, romper la tiranía de la conformidad y la costumbre. Pero, aunque no nos sintamos excéntricos *por fuera*, todos tenemos partes excéntricas. Ideas que brotan de la nada en la periferia de nuestro pensamiento. Chispas aleatorias que podemos prender. Pensamientos que ofrecen el otro punto de vista o la otra vertiente de una discusión política. Ideas que no terminan de encajar del todo con nuestras otras ideas. Gustos que van contra nuestros otros gustos. Y, a medida que vamos haciéndonos mayores, es bueno continuar prestando atención a esas partes poco convencionales nuestras —a las ideas que van en contra de la tendencia—, porque esas son las partes que nos mantendrán renovados y con capacidad de sorpresa. Impedirán que nos convirtamos en una versión de nosotros mismos. Nos ayudarán a convertirnos en canciones nuevas.

Fuera

Sí, claro, estar dentro es cómodo. Cobijado, protegido. Pero fuera también existe la comodidad. Porque fuera es libertad. Fuera puedes seguir moviéndote hasta encontrar tu lugar. O puedes decidir que fuera *es* tu lugar. Y quedarte.

Comprensión

Antes me preocupaba encajar. Hasta que comprendí que la razón por la que no encajaba era que no quería hacerlo.

La manera de salir de tu mente es a través del mundo

Para cuando cumplió los treinta y dos años, la sordera de Ludwig van Beethoven avanzaba cada vez más deprisa. Escribió a sus hermanos para transmitirles su desesperación porque la gente lo juzgaba como «malévolo, obstinado o misántropo», cuando en realidad se encontraba en un estado de agitación interna debido al empeoramiento de su enfermedad. Escribió que se sentía como un «caso perdido» porque últimamente no había compuesto mucha música, que es equivalente a que Shakespeare se hubiera descrito a sí mismo como un poco gandul por haber tardado un tiempo en escribir *Hamlet*.

Beethoven recordaba casos en los que había estado en el campo mientras un pastor cantaba o alguien tocaba la flauta y él no había podido oír nada en absoluto. Esos momentos lo habían arrastrado a la desesperanza: «Me habría quitado la vida; el arte fue lo único que me detuvo, ah, me parecía imposible dejar el mundo hasta haber producido todo aquello que me sentía llamado a producir...».

«El arte fue lo único que me detuvo.»

Y por eso continuó viviendo. A pesar de que su sordera se agravó —la peor tortura para el mejor músico—, siguió creando. De hecho, compuso algunas de sus obras más destacadas, como su magníficamente melancólica y evocadora *Sonata para piano n.º 14* —comúnmente conocida como *Sonata del claro de luna*—, cuando ya estaba sordo del todo.

Qué idea tan trágica que el hombre que creó algunas de las piezas musicales más conocidas del mundo jamás llegara a oír muchas de ellas. Pero Beethoven tenía una pasión. Y la historia de las artes está repleta de personas de mentalidad sensible que han recibido consuelo y obtenido motivación del arte que crean, desde Emily Dickinson a Georgia O'Keeffe.

No es necesario que escribamos sonatas para piano, pero lo que sí necesitamos es sumergirnos en nuestras pasiones. Puede ser cualquier cosa que esté fuera de nosotros. Hace unos años, y no es broma, me ayudé a salir de una racha de ansiedad moderada metiéndome a fondo en las cuatro primeras temporadas de *Juego de tronos*.

La curiosidad y la pasión son los enemigos de la ansiedad. Aun cuando me hundo en las profundidades de la ansiedad, si me entra la curiosidad suficiente por algo que está *fuera de mí*, es posible que eso me ayude a emerger. La música, el arte, el cine, la naturaleza, conversaciones, palabras.

Encuentra una pasión tan grande como tu miedo.

La manera de salir de tu mente es a través del mundo.

Joy Harjo y la voz entera

«Todos llegamos al mundo con una tarea por hacer —escribió Joy Harjo—. No me refiero a trabajar para una empresa, una corporación… A todos se nos concedieron dones que compartir, incluso a los animales, incluso a las plantas, a los minerales, a las nubes… A todos los seres.»

Joy Harjo nació en Tulsa, Oklahoma, y es miembro de la Nación Muscogui (Creek). Es la primera indígena americana en convertirse en poeta laureada de Estados Unidos. Sus poemas son hermosos y beben de su herencia y de las profundidades del subconsciente humano. Es activista, pero su labor no se limita a una sola área. Ha hablado acerca de los derechos de los indígenas americanos, del feminismo y del cambio climático, y considera que todas estas cuestiones están interconectadas. De hecho, ese es el tema de su obra. La naturaleza holística de las cosas. «Suplicar que te abras entero / Al cielo, a la tierra, al sol, a la luna / A una voz entera que es la tuya.»

Harjo también plasma esta idea de otras formas. Cuando interpreta, fusiona la prosa y la poesía y la música como si fueran una sola cosa. Escribió una composición llamada

Ahhhh Saxophone y, con ese instrumento, dice: «todo ese amor que los humanos llevamos dentro emite un sonido dulce, grave, y volamos un poco».

Ha sido galardonada tanto por su música como por su poesía. Lo interesante es que ya tenía más de cuarenta años cuando aprendió a tocar el saxofón. Bueno, a mí me parece interesante —y reconfortante— porque eso me dice que es verdad que nunca es demasiado tarde para comenzar algo valioso.

Abandoné el piano a los trece años. Hasta entonces, mis padres me habían pagado clases semanales con una profesora particular, la señora Peters. Pero entonces me convertí en el adolescente que no quería decirles a sus amigos que no podía quedar con ellos los viernes por la tarde porque tenía que ir a clase de piano. Otros intereses invadieron mi joven mente y, de repente, aprenderme *Für Elise* de Beethoven y *Gavotte* de Mozart me pareció una tarea irrelevante.

A lo largo de los años me he arrepentido muchas veces de esa decisión y he sentido curiosidad por saber cómo habrían sido las cosas si hubiera seguido yendo a clases. Y, sin embargo, pese a toda esa curiosidad, nunca hice nada por satisfacerla activamente hasta hace unos meses, a los cuarenta y cinco años, cuando empecé a reaprender piano con mis hijos durante el confinamiento. Por descontado, es humillante intentar aprender *cualquier cosa* codo a codo con una persona de once años y otra de doce. Es como intentar aprender a nadar junto a un pez vela. Pero fue maravilloso ir progresando, el mero hecho de tocar, y darme cuenta de que no hay edad límite para el desarrollo.

Joy Harjo no es la única artista musical que ha empezado tarde, claro. Es de sobra conocido que Leonard Cohen no comenzó su carrera en la música hasta los treinta y muchos años. Por su parte, y a pesar de haber mostrado su talento musical desde una edad temprana, Verdi escribió la mayor parte de sus mejores obras después de cumplir los cincuenta, entre ellas la ópera *Otelo*, que concluyó a los setenta y tres años.

Nunca alcanzaré la competencia musical de Verdi, o la de Joy Harjo, o ni siquiera, al parecer, la de una criatura de doce años que aprende rápido, pero tengo en mis manos la posibilidad de hacer música, y lo disfruto, y eso es suficiente. El gozo de la música está en la música. En tocarla. En escucharla. Y es un gozo con una puerta abierta de par en par que da la bienvenida a todo el mundo.

Eso es lo único que podemos hacer, ¿no? Mantener abiertas todas las puertas que nos sea posible. No dejar de abrazar todo lo que somos. Seguir fracasando. Tal como dice la propia Harjo: «No hay poesía donde no hay errores».

Protección

Érase una vez, me sentía presionado para no decepcionar a la gente. Me obligaba a seguir haciendo un trabajo que odiaba. Iba a fiestas en las que en realidad no quería estar. Quedaba con personas con las que me resultaba angustiosamente difícil mantener una conversación. Fingía hasta la última de mis sonrisas.

Y entonces mi mente explotó.

Después de lo cual me di cuenta de que es mejor decepcionar a la gente que hacerte estallar por los aires.

Libertad cuántica

Según la física cuántica, las leyes del universo son probabilísticas. Eso quiere decir que nada es previsible por completo, ni siquiera entre las partículas más diminutas. Siempre hay incertidumbre y cosas que no pueden predecirse ni medirse con exactitud. El determinismo falla cuando se enfrenta a la realidad cuántica. El físico alemán Werner Heisenberg, que fue quien formuló el principio de incertidumbre —o, mejor dicho, el Principio de Incertidumbre—, descubrió que, aun en el caso de que se conozcan todas y cada una de las condiciones iniciales, sigue siendo imposible predecir con certeza inamovible el comportamiento de las ondas y las partículas. De la misma forma, la teoría del caos explica que ni siquiera las cosas a mayor escala, como el tiempo meteorológico, son del todo predecibles y que jamás podrán serlo. (¿Cuántas veces nos hemos visto sorprendidos por un día soleado cuando nos habían dicho que esperáramos chubascos?) De igual manera, los neurocientíficos nos han demostrado que la estructura de nuestro cerebro, y las neuronas que este contiene, también actúa con elementos de aleatoriedad.

En otras palabras, una característica definitoria fundamental del universo, de la naturaleza, de nuestro entorno, *nuestra*, es la incertidumbre. Siempre hay espacio para la posibilidad. Cuando algo comienza a cambiar o a moverse, cambia con un cierto grado de lo desconocido, ya sea con luz a través de una grieta en una barrera o con un huracán o con una neurona. El universo es, en esencia, una posibilidad en constante evolución. Mientras que tal vez el miedo quiera que nos imaginemos que lo peor es cierto, el futuro —como todo lo demás— permanece incierto, impredecible, abierto, libre. E incluso el acontecimiento más minúsculo en el laberinto que es nuestra vida puede desembocar en el resultado más inesperado.

Los demás son los demás

Recordemos lo obvio, porque lo obvio es fácil darlo por sentado y olvidarlo. Tú no eres los demás. Tú eres tú. No tienes control sobre los demás. No tienes el control absoluto sobre lo que piensan del mundo o de la política o de ti. No tienes control sobre el daño que puedan haber causado. Ni siquiera en el caso de que el daño te lo hayan causado a ti. Sí, por supuesto que podemos aprender unos de otros y a veces la gente aprende de ti. Y eso es estupendo, aunque sea menos habitual de lo que nos gustaría admitir. Tal como lo expresó Ayishat Akanbi: «Si has decidido que tu curación depende de que otras personas reconozcan sus errores, seguirás esperando en la tumba». Guardando odio en tu interior no te castigas más que a ti mismo. Los demás son los demás. Tú eres tú.

Por ahí no es

Tu valía personal no se encuentra en el interior de la mente de los demás.

Energía aplicada

La historia puede suponer un consuelo. Nos ayuda a comprender nuestro lugar en el tiempo y a valorar lo que los humanos han hecho y vivido en el pasado para que nosotros termináramos aquí.

Descubrir las historias humanas del pasado, en concreto, puede aportarnos algo de fuerza. Saber lo que los seres humanos consiguieron, a qué sobrevivieron y que algunos de ellos se las ingeniaron para convertir el mundo en un lugar mejor en el que nosotros pudiéramos vivir hoy.

¿Has oído hablar de Nellie Bly?

Fue una de las periodistas más inspiradoras de la historia.

En realidad, Nellie Bly era un seudónimo. Cuando nació en Pittsburgh en 1846, la bautizaron como Elizabeth Jane Cochran. Su padre murió cuando la joven tenía quince años y, después de aquello, su familia, formada por su madre y sus catorce hermanos, empezó a pasar apuros económicos, así que Bly empezó a buscar cómo ganar algo de dinero.

En una época en la que la representación de las mujeres en el periodismo era escasa y se topaba con una oposición activa, Bly consiguió un trabajo en el periódico local a cambio de un salario de cinco dólares a la semana. Sin embargo, le dijeron que solo iba a escribir sobre temas domésticos, como el cuidado de los niños y las tareas del hogar. Pese a ello, la popularidad de su columna le permitió empezar a escribir artículos que requerían más investigación y Bly pasó a centrarse en cuestiones más sustanciosas, como el impacto de las leyes de divorcio en las mujeres.

En 1887 se mudó a Nueva York y logró conocer al famoso editor de periódicos Joseph Pulitzer. Quería trabajar para su diario, el *New York World*, pero, para poner a prueba su compromiso, Pulitzer le dijo que su primer encargo sería una investigación sobre las condiciones del Blackwell's Island Asylum, un manicomio para mujeres «lunáticas» con muy mala fama. La trampa era que Bly tendría que infiltrarse. Dicho de otro modo, tendría que fingir que estaba loca para que la encerraran allí.

No era una tarea fácil. La periodista se registró en una casa de huéspedes llamada Temporary Homes for Females («Hogares temporales para mujeres») y se pasó la noche en vela para tener una apariencia exhausta y desaliñada. Luego montó toda una escena para hacerse pasar por loca y —tras ser sometida a una evaluación psiquiátrica— la mandaron al manicomio.

Allí experimentó y presenció las condiciones infernales en que vivían las internas. Empleados maltratadores. Mujeres con enfermedades mentales atadas unas a otras con cuerdas. Salas infestadas de ratas. Comida podrida. Agua sucia para beber. Agua compartida en las bañeras. Bancos duros. Castigos crueles. Una de las cosas que enseguida le llamaron la atención fue que muchas de aquellas mujeres no parecían estar locas en absoluto, y aun así recibían un trato horrible. Bly consideró que una estancia de unas cuantas horas allí pondría a prueba la salud mental de cualquier persona cuerda.

Desde el momento en que llegó, dejó de actuar como si estuviera loca y empezó a comportarse como lo haría normalmente. Sin embargo, se dio cuenta de que cualquier cosa normal que hiciera —como preguntarle al personal si le habían quitado el lápiz— se tomaba como una prueba más de su locura: «Cuanto más cabalmente hablara y actuara, más loca pensaban que estaba». También fue testigo de que allí dentro se provocaba de forma activa a las pacientes con enfermedades más graves.

Pasaron diez días hasta que el *New York World* le dijo al manicomio la verdad y pidió que dejaran en libertad a su reportera. Fue un encargo desgarrador. No obstante, viviendo aquella experiencia y escribiendo sobre ella, Bly ayudó a cambiar la opinión pública estadounidense sobre los manicomios y la enfermedad mental.

Como resultado directo de su artículo dividido en dos partes, «Diez días en un manicomio», el Departamento de Estado a cargo de la institución aumentó su presupuesto en un millón de dólares. Y lo que resulta aún más impresionante, el Department of Public Charities and Correction («Departamento de Entidades Benéficas Públicas y Correccionales») tomó en cuenta su lista de recomendaciones, lo que condujo al cierre del manicomio varios años más tarde.

Nellie Bly se hizo famosa. Y contribuyó a abrir paso a una nueva e intensa era del periodismo de reporteros infiltrados.

Continuó informando sobre todo tipo de historias dramáticas, a años luz de la clase de asuntos domésticos que la habían urgido a escribir inicialmente en Pittsburgh. Cubrió gran cantidad de temas, desde la corrupción gubernamental hasta escándalos generados por la compra de bebés.

En 1889 se hizo aún más famosa por ser la persona que consiguió romper el récord ficticio que Phileas Fogg había establecido en la novela de Julio Verne *La vuelta al mundo en ochenta días*, pues se embarcó en un viaje de más de cuatrocientos mil kilómetros alrededor del planeta y lo completó en poco más de setenta y dos días. Durante la travesía, conoció a Julio Verne en París, visitó a una colonia de leprosos en China y navegó por el canal de Suez. Viajó en barcos y trenes e incluso en algún que otro burro.

Lo más destacable es que, aunque enviaron a otras personas a intentar vencerla, ella se negó a tratarlo como una competición. Y sus reportajes muestran lo mucho que valoró hasta el último momento de belleza de aquel viaje. «Siempre me ha gustado la niebla —escribió—, le confiere una luz suave y embellecedora a cosas que, de otro modo, bajo el resplandor intenso del día, serían groseras y ordinarias.»

Años más tarde, durante la Primera Guerra Mundial, se convirtió en la primera mujer periodista en visitar la zona del conflicto entre Serbia y Austria, e incluso la arrestaron

—aunque la liberaron enseguida— al confundirla con una espía británica.

Su legado sigue vivo hoy en día y se le ha puesto su nombre a todo tipo de cosas: premios periodísticos, barcos, una heladería, incluso un parque de atracciones.

Una prueba de lo que un ser humano puede hacer armado con poco más que un lápiz afilado y una mente aún más afilada.

En palabras de la propia Bly: «La energía adecuadamente aplicada y dirigida logrará cualquier cosa».

Bly se había resistido a todos los papeles en los que la sociedad había querido encasillarla y se convirtió en la persona que quería ser.

Caos

Lo más difícil es ser tú mismo. Estamos tan sobrecargados que no siempre vemos la verdad de quienes somos. Nos distraemos con la distracción. A veces enmarañamos nuestra vida a propósito para quitarnos de la cabeza la maraña de nuestro interior. Cuando apartamos la maraña exterior, tenemos que enfrentarnos a la que tenemos dentro. A todo el caos. Y, cuanto más nos concentramos en él, más vemos el orden que contiene. Hay un motivo por el que todo está donde está. Quizá queramos ordenar el caos de una forma distinta o tal vez sintamos que el caos está perfecto tal como está. Pero somos imperfectos porque estamos vivos.

Somos caóticos porque el universo comenzó con una explosión y los detritus no han dejado de moverse a la deriva desde entonces. Todos somos mamíferos caóticos en un planeta caótico de un cosmos caótico. Negar el caos es negar quienes somos. Verlo, permitirlo, perdonarlo es llegar a un estado que la budista y psicóloga Tara Brach llama de «aceptación radical», en el que podemos apreciar nuestros supuestos defectos o imperfecciones como parte natural de la existencia. Y entonces podemos existir con amplitud y sinceridad, en lugar de encogernos para intentar encerrarnos en nosotros mismos como el contenido de una alacena atestada. Podemos, en definitiva, vivir.

Aspira a ser tú

Si aspiras a ser algo que no eres, siempre fracasarás. Aspira a ser tú. Aspira a mostrarte, a actuar y a pensar como tu. Abraza ese tú. Apóyalo. Valóralo. Quiérelo. Y que te importe una mierda si la gente se burla de ti por eso.

Vaso

No controlas quién piensa la gente que eres. Así que no te preocupes. Si quieren odiar a la versión ficticia de ti que vive en su mente, déjalos. No te canses intentando que te comprendan las personas que insisten en no entenderte. Mantén tu vaso lleno. Ve hacia la bondad.

Granada

Muchos chismorreos son envidia disfrazada. Muchas faltas de confianza en uno mismo son conformidad disfrazada. «Nadie puede hacerte sentir inferior sin tu consentimiento», dijo Eleanor Roosevelt. Inspira. Sal de entre las sombras. Sé tú al descubierto. El único éxito que importa es el éxito de ser quien eres. Encajar está bien, pero nunca te esfuerces en hacerlo si esa forma de encajar implica convertirte en algo que no eres. Conviértete en tú. Conviértete en la persona que nadie más es. Si no le gustas a la gente, deja que así sea. No todas las frutas tienen que ser una manzana. Es demasiado agotador pasar esta existencia siendo otra persona. Si eres una granada, sé una granada. Claro, es probable que haya más gente a la que no le gusten las granadas que gente a la que no le gusten las manzanas, pero, para aquellos a los que nos gustan, las granadas son lo que más nos gusta del mundo.

Déjate ser

Deja de estorbarte. Ser tú mismo no es algo que tengas que hacer. Naciste siendo tú y ni siquiera tuviste que intentarlo. De hecho, el problema es precisamente intentarlo. No puedes *intentar ser*. Solo puedes dejarte ser.

CUARTA PARTE

A veces, como antídoto
para el miedo a la muerte,
me como las estrellas.

REBECCA ELSON, «Antidotes to Fear of Death»,
A Responsibility to Awe

El cielo

Imagina que nunca hubieras visto el cielo nocturno.

Imagina que el cielo nocturno solo existiera una vez en la vida. Imagina que solo una vez pudieras levantar la mirada y ver esas estrellas. Seguramente sería uno de los puntos álgidos de tu existencia. Es posible que se conociera como «La noche de los milagros estrellados» o «El asombroso momento de contemplar el universo brillante» o algo un poco más pegadizo. Todos nos alejaríamos de nuestro sofá y de otra velada ante nuestra plataforma de *streaming* favorita y saldríamos al exterior y miraríamos hacia arriba, boquiabiertos de asombro bajo los miles de puntitos de luz enviados a través del tiempo y el espacio. Nos quedaríamos ahí plantados observando la luna e intentando distinguir las estrellas de los planetas. Preguntándonos cuál sería Venus.

El caso es que sería casi imposible no valorar la imagen de ese cielo excepcional.

Y, sin embargo, está claro que no valoramos el cielo nocturno. Y, desde luego, sería totalmente utópico sugerir que —incluso en las noches despejadas con poca contaminación lumínica— deberíamos estar ahí fuera contemplando las constelaciones sumidos en un asombro sentimental. Pero siempre es bueno saber lo maravillosas que nos resultarían al instante muchas cosas de la vida si de pronto se tornaran excepcionales. Somos tan afortunados de estar rodeados de la abundancia de maravillas de este planeta, de este universo, que somos insensibles a ellas. Y a menudo es solo en épocas de crisis profunda cuando esas cosas se hacen patentes. Cuando podemos vernos, en palabras del filósofo Alan Watts, como «una abertura a través de la cual el universo se mira y se explora a sí mismo».

Contempla las estrellas

Me acuerdo de una noche en que, en plena depresión, sentí ganas de suicidarme y levanté la vista hacia un cielo sin nubes, de estrellas infinitas. Sentía un dolor mental tan intenso que era físico. Pero ver el cielo, nuestro pequeño atisbo del universo, hizo que me inundara la esperanza de que algún día sería capaz de volver a apreciar una vista así. La belleza es cualquier momento que nos hace quedarnos sin aliento por la esperanza y el milagro de la vida, y el mundo está lleno de esos momentos. Brillan en la oscuridad. Y son nuestros, podemos cogerlos. «Medita sobre la belleza de la vida —escribió Marco Aurelio en sus *Meditaciones* hace dos mil años—, contempla las estrellas, e imagínate corriendo con ellas.»

El universo es cambio

Cuando escribió las *Meditaciones*, Marco Aurelio era el hombre más poderoso del mundo. Tenía, literalmente, todo un imperio a su disposición. Ciudades, ejércitos, palacios. Todo era suyo. Pasó casi dos décadas, desde el año 161 hasta el 180, siendo emperador romano, durante la «Edad de Oro». Y aun así se negaba a buscar satisfacción en su estatus y poder y favorecía la simplicidad, las consultas y una perspectiva cósmica. Creía que contemplar las estrellas era importante y habla de la influencia que Pitágoras —el temprano filósofo griego y fundador del pitagorismo— ejerció sobre él en este aspecto.

Los pitagóricos consideraban que observar el cielo no era solo una actividad agradable, sino también una forma de discernimiento de un orden divino. Porque todas las estrellas están separadas pero unidas en un orden. Para los estoicos, mirarlas era como contemplar atisbos desvelados de la divinidad y también fragmentos de la naturaleza.

El cielo y las estrellas no son, entonces, lo único importante; también lo es lo que nosotros pensamos cuando los contemplamos. Nuestra conexión con el mundo cambiante que hay a nuestro alrededor y por encima de nosotros.

«El universo es cambio —escribió Marco Aurelio—. Nuestra vida es lo que nuestros pensamientos hacen de ella.»

Incluso un hombre a cargo de un imperio era capaz de mirar las estrellas y sentirse felizmente pequeño en el gran orden universal de las cosas.

El cielo no empieza por encima de nosotros. No existe el punto de partida del cielo. Nosotros vivimos en el cielo.

El esclavo estoico

De entre todos los filósofos, mi favorito es Epicteto. Como Marco Aurelio, fue un estoico que vivió en la Antigua Roma. Al contrario que Marco Aurelio, Epicteto no fue emperador. De hecho, no podría haber estado más lejos de ser emperador.

Tuvo una vida difícil. Nació en esclavitud hace casi dos mil años, su nombre significaba literalmente 'adquirido'. Pasó toda su juventud como esclavo, aunque se le permitió estudiar filosofía estoica. También tenía una discapacidad física, probablemente a causa de que su amo le partió una pierna. Experimentó dolor físico durante la mayor parte de su vida.

Epicteto terminó convirtiéndose en un hombre libre, por razones que no están claras, y empezó a enseñar filosofía, pero incluso entonces continuó llevando una existencia muy sencilla, con pocas posesiones, y vivió solo durante gran parte de su vida. Los registros muestran que en la vejez adoptó al hijo de un amigo y lo crio junto con una mujer con la que Epicteto podría o no haberse casado.

Era un filósofo muy moderno en ciertos sentidos. Es probable que el mejor resumen de su cosmovisión sea esta afirmación: «Lo que importa no es lo que te ocurre, sino cómo reaccionas a ello». Es una filosofía a la que se le atribuye haber ayudado a personas cuyas circunstancias eran difíciles, desde prisioneros de guerra hasta pacientes de depresión. El psicólogo Albert Ellis, uno de los creadores de la terapia cognitivo conductual, señala la influencia de esta cita de Epicteto en todo su planteamiento terapéutico: «A los hombres no les perturban las cosas, sino las opiniones que tienen de ellas».

Epicteto nos recuerda que, cuando vinculamos nuestra felicidad a cosas externas, básicamente renunciamos a la idea de autocontrol y depositamos nuestro bienestar en fuerzas externas a nosotros. Sea lo que sea —dinero, relaciones, deseo de formar una familia, un Lamborghini, ganar la lotería, hacerte viral en las redes sociales—, «recuerda: cuanto más valoramos las cosas que están fuera de nuestro control, menos control tenemos». Y, por descontado, aun cuando conseguimos las cosas que creemos que queremos, el impacto suele escapar a nuestras predicciones; fíjate, por ejemplo, en los estudios acerca de que ganar la lotería suele tener un impacto negativo en la felicidad del premiado.

El consuelo de Epicteto es el consuelo más profundo que existe. No es el alivio de creer que nos sucederán grandes cosas, es el de saber que, incluso cuando sufrimos dolor o tristeza o un confinamiento, la mente tiene el poder de elegir su reacción a los acontecimientos de nuestra vida. Incluso en las cosas más enormes. Dolor, pérdida, aflicción, muerte. «No puedo escapar de la muerte —dijo—, pero al menos puedo escapar del miedo a la muerte.» Epicteto, en definitiva, nos proporciona control en un mundo incontrolable. El control de aceptar la falta de control. El control de la reacción.

Oruga

En el capullo oscuro, la oruga se hace pedazos. Se desintegra en sus propias enzimas. Se convierte en líquido. En papilla. En sopa de oruga. Y después, poco a poco, renace como mariposa. Los capullos no son un lugar de descanso tranquilo y acogedor. Más bien deben de ser un lugar bastante terrible para una oruga. Sin embargo, su destino ha demostrado ser una fantástica metáfora de nuestras propias desgracias y dificultades. Los cambios más significativos surgen de las experiencias más oscuras. Nos hacemos pedazos para transformarnos en algo nuevo. Atravesamos la oscuridad para volar bajo el sol.

Experiencia

No somos lo que experimentamos.

Si soportamos un huracán, por violento o aterrador que sea, siempre sabemos que el huracán no es nosotros. El clima nunca es permanente ni en el exterior ni en nuestro interior. La gente habla de tener nubes oscuras encima. Pero nunca somos las nubes: somos el cielo. Solo las contenemos. Las nubes no son más que el paisaje actual. El cielo sigue siendo el cielo.

Unos apuntes sobre la respiración

Quiero decirte que la respiración es importantísima.

Ya lo sé, ya lo sé.

Esto me convierte en «esa persona». La persona que te dice que pienses en tu respiración como si la causa de todos los problemas del mundo fuera la incapacidad de exhalar mientras cuentas hasta cinco. Me deja a un milímetro de ser alguien que te dice que tratar tu trauma es algo que puede hacerse con un baño largo y un par de velas con olor a lavanda. Aun así, a lo largo de los años me he dado cuenta de que no hay un indicador más rápido de cuál es mi nivel de estrés que comprobar en qué punto se encuentra mi respiración.

La respiración es una especie de barómetro de los estados de ánimo que llevamos incorporado en el cuerpo.

Cuando tenía ataques de pánico graves, me costaba respirar. Era algo que me ocurría a una velocidad trepidante, justo en la parte superior de los pulmones, como si no tuviera tiempo para el aire. Cuando estoy estresado, me tumbo en la cama y me pongo la mano en el estómago y respiro hondo, y luego, hacia el final, el estómago me tiembla como un animal asustado y entonces lo sé. Sé que ha llegado el momento de dar un paso atrás y permitirme relajarme. Puede parecer una paradoja, pero hacer el esfuerzo de relajarse a veces funciona. Y para mí la manera más fácil y rápida de conseguirlo es respirar despacio. Cuando me obligo a hacerlo, es como si las molestas voces de mi cabeza —las que se reproducen en bucle como cargantes peroratas de YouTube— se callaran de pronto. No haber contestado a ese correo electrónico o haber fastidiado una reunión por Zoom se convierten casi de inmediato en cosas sin importancia. Me siento tranquilizarme.

Respirar de manera consciente parece ser un modo de infiltrarte en tu autoestima. Una forma de decir «Date un respiro». Una forma de aceptarte tal como eres, de aceptar la vida tal como es, sin más. Y no necesitas más que un par de pulmones.

Puedes hacerlo tumbado o sentado o de pie. Si estoy tumbado, estiro los brazos junto al cuerpo, con las palmas de las manos mirando hacia el cielo o el techo, y separo un poquito los pies. Si estoy sentado, apoyo los brazos en la silla y separo los pies hasta que quedan alineados con las caderas. Luego respiro suave pero profundamente con el diafragma. Y sí, cuento hasta cinco en silencio, porque, por lo que se ve esa especie de trance de concentrarse en contar, tiene un efecto relajante añadido. Lo ideal es hacerlo durante más de un minuto. Si tienes cinco minutos, en serio, intenta hacerlo durante cinco minutos. Qué demonios, durante más, incluso. Al principio puede resultar aburrido —porque no hay nada que un cerebro acelerado quiera menos y necesite más que bajar el ritmo—, pero merece la pena.

Estás aquí. Existes. Estás en este momento.

Respirar es vivir, supongo, y ser consciente de la respiración es ser consciente de la sencillísima verdad de tu ser, trascender el mundo del hacer y —durante unos momentos placenteros, reconfortantes— habitar el mundo del ser.

Lo que tu respiración te dice

Eres bastante.

No te necesitas más que a ti. Eres más que la forma en que te ven. Eres quien eres en la oscuridad. Eres quien eres en el silencio. No necesitas ni comprar ni practicar ni ganarte tu aceptación.

Eres bastante.

Eres un milagro cósmico. Eres la tierra siendo testigo de sí misma. Inhalas aire y te aceptas como aceptas ese aire, como parte del orden natural de las cosas. Eres la mente que existe en el acto de cambiar. Eres una posibilidad en movimiento. Este es tu sitio. Estás donde tienes que estar.

Eres bastante.

No hay nada más fuerte que una pequeña esperanza que no se rinde.

No hay nada más fuerte que una pequeña esperanza que no se rinde.

No hay nada más fuerte que una pequeña esperanza que no se rinde.

No hay nada más fuerte que una pequeña esperanza que no se rinde.

No hay nada más fuerte que una pequeña esperanza que no se rinde.

No hay nada más fuerte que una pequeña esperanza que no se rinde.

No hay nada más fuerte que una pequeña esperanza que no se rinde.

No hay nada más fuerte que una pequeña esperanza que no se rinde.

No hay nada más fuerte que una pequeña esperanza que no se rinde.

No hay nada más fuerte que una pequeña esperanza que no se rinde.

No hay nada más fuerte que una pequeña esperanza que no se rinde.

No hay nada más fuerte que una pequeña esperanza que no se rinde.

No hay nada más fuerte que una pequeña esperanza que no se rinde.

No hay nada más fuerte que una pequeña esperanza que no se rinde.

No hay nada más fuerte que una pequeña esperanza que no se rinde.

Vivir en estado puro

El verdadero desafío al que nos enfrentamos es mirarnos a nosotros mismos y al mundo con honestidad. Para ver qué heridas hay, de manera que podamos ayudar a sanarlas. Para no echarnos atrás. Para no pasarnos la vida cobijados en la negación e intentando evitar el dolor. Para no esquivar los sentimientos. Tal como lo expresó la escritora budista Pema Chödrön, «el daño más fundamental que podemos hacernos es permanecer en la ignorancia por no tener el coraje y el respeto de mirarnos a nosotros mismos honesta y delicadamente». Sanar significa vivir en estado puro.

Ver con honestidad

La ignorancia nos encoge. El verdadero desafío al que nos enfrentamos es el de mirarnos a nosotros mismos y al mundo con honestidad. Uno de los retos que Marco Aurelio se propuso fue «mirar las cosas de frente y conocerlas por lo que son».

Espera

Estás bien. Puede que tengas la sensación de estar en una pesadilla. Es posible que tu mente te esté venciendo. Quizá pienses que no vas a salir de esta. Pero recuerda una época anterior en la que ya te sentiste mal. Y piensa en algo bueno que haya ocurrido desde entonces, en el ínterin. Esa cosa buena concreta podría volver a ocurrir, o no, pero *alguna* cosa buena ocurrirá. Tú espera.

El remedio para la soledad

La soledad no es ausencia de compañía. La soledad se siente cuando estamos perdidos. Pero podemos estar perdidos en plena multitud. No hay nada más solitario que estar con personas que no están en tu misma onda. El remedio para la soledad no es más gente. El remedio para la soledad es comprender quiénes somos.

Patrones

Es fácil quedarse encallado en un patrón de comportamiento. Piensa en las personas que conoces. ¿Repiten algunas cosas una y otra vez? ¿Les gustan siempre los mismos tipos de comida y bebida? ¿Ven las mismas cosas en la televisión? ¿Leen libros del mismo género? ¿Se levantan y se acuestan más o menos a la misma hora? ¿Dicen cosas del mismo estilo? ¿Piensan siempre de forma parecida? ¿Y tú? ¿Y yo? Sí. Ser humano —estar vivo— es caer en patrones de comportamiento. Algunos de esos patrones son buenos. Nos sentimos atraídos por el confort de la rutina y nos acomodamos, pero esa inercia también puede provocar cierto malestar. Igual que pasarnos horas desplomados en el sofá en la misma postura puede ser malo para la espalda, también es cierto que tomar siempre el camino familiar y repetitivo del mínimo esfuerzo puede hacer que nuestra vida se estanque un poco. Nos convertimos en algoritmos obsoletos que necesitan una secuencia nueva y mayor.

El acto de cambiar nuestra rutina nos beneficia. Incluso algo tan simple como reorganizar las aplicaciones de un móvil nos ayuda a plantarle cara al automatismo por defecto de la memoria motora.

Según dijo Tara Brach: «Puede que la mayor tragedia de nuestra vida sea que, aunque tenemos la libertad a nuestro alcance, podemos pasarnos años y años atrapados en unas mismas pautas viejas. [...] Puede que deseemos amar a otras personas sin condiciones, sentirnos auténticos, absorber la belleza que nos rodea, cantar y bailar. Pero escuchamos cada día unas voces interiores que nos ciñen y nos estrechan la vida».

La zona de no confort

Con la familiaridad puede llegar una especie de apocamiento. Un miedo al cambio. Podemos terminar atrapados en un trabajo que no nos gusta, en una relación insana, aguantando actitudes igual de poco útiles. A eso lo llamamos la «zona de confort», pero a menudo es justo lo contrario. Una zona de no confort, una zona de estancamiento, una zona de insatisfacción. Es sorprendentemente fácil cruzarla y dejarla atrás una vez que decidimos hacerlo. Y lo que vemos más allá de la zona de no confort es, en realidad, un confort más profundo. El confort de ser la mejor versión posible de nosotros mismos. Más allá del patrón o del código de comportamiento establecido. Menos codificado, más humano.

Cosas

No siempre tienes que hacer cosas. O que conseguir cosas. No tienes que dedicar tu tiempo libre a ser producti-
vo. No tienes que estar haciendo taichí y bricolaje y pan.
A veces puedes simplemente *ser* y *sentir emociones* y salir
adelante y comer patatas fritas y sobrevivir, y eso es más
que suficiente.

Ferris Bueller y el significado de la vida

Todo en un día (1986) es la mejor película adolescente de todos los tiempos, pero durante años hubo algo que no me gustaba de ella, a pesar de que la disfrutaba muchísimo. Esta película de John Hughes sobre un adolescente popular que se salta el instituto fingiendo que está enfermo y luego pasa un día maravilloso en Chicago con su mejor amigo y su novia me indignaba porque me parecía que Ferris Bueller, el protagonista, era egoísta y me daba la sensación de que, para disfrutarla del todo, era esencial que el personaje principal de la película te cayera bien. Lo que no me gustaba era que Ferris utilice a su mejor amigo, Cameron, y lo obligue a llevarse a su aventura el Ferrari antiguo de su padre, aunque sepa que se meterá en un buen lío por ello.

Sin embargo, al volver a ver la película me di cuenta de que lo había entendido todo al revés. En realidad, la película no trata de Ferris. La película trata de Cameron. Cameron es el centro emocional de la historia. Es el que hace la transición más significativa: pasa de ser un adolescente deprimido —quizá con pensamientos suicidas y aparentemente privilegiado que sufre por el sinsentido percibido de un futuro en el que le esperan la universidad y la vida adulta— a ser una persona con autoestima, capaz de vivir en el presente y de plantarle cara a su estricto padre y sus normas opresivas.

Cuando Ferris empieza la película con su famoso monólogo, se dirige directamente a la cámara, pero el mensaje fundamental es el que se pasa el resto de la película enseñándole a Cameron: «La vida pasa muy deprisa. Si no te paras y miras a tu alrededor, te la podrías perder». Ferris es, en esencia, una versión de Marco Aurelio en la década de 1980 diciendo: «Medita sobre la belleza de la vida». Es una mezcla de filosofía oriental y occidental. La conciencia plena budista y el individualismo estadounidense, aunque a él no le gustaría formar parte de ningún *–ismo*. «Una persona no debería creer en un *–ismo* —dice Ferris—. Debería creer en sí mismo.» Pero Ferris no mira solo por sí mismo. Mira por su amigo. Mira por nosotros. Como ocurre con todas las películas reconfortantes, esta nos da permiso para sentir. Nos ayuda a vivir.

Películas que reconfortan

Tiburón. Porque nos muestra que tenemos que reconocer nuestros miedos antes de vencerlos.

Cita en St. Louis. Por las canciones. Por los colores. Por Judy Garland cantando *Have Yourself a Merry Little Christmas*. Porque nos invita a entrar en el bello y agridulce consuelo de otra época, otro lugar, otra familia, otra realidad. Y porque la vi un día que me sentía fatal y me ofreció un lugar mejor en el que existir.

La gran evasión. Porque te muestra que eres capaz de lidiar con cualquier situación siempre y cuando estés construyendo un túnel para salir de ella.

Dos hombres y un destino. Porque rezuma un brillo dorado como el de la lumbre del hogar y nos recuerda que podemos vivir para siempre en un fotograma congelado si captura un momento lo bastante bueno (véase también el final de *Los cuatrocientos golpes* y *El Club de los Cinco*).

E.T. Porque vuelves a convertirte en niño cuando la ves.

Qué bello es vivir. Porque te hace darte cuenta de que tu existencia tiene un valor invisible.

La familia que tú eliges. Porque muestra el poder redentor de la amistad.

La venganza del conde de Montecristo. Porque esta aventura de espadachines es la definición de escapismo.

La chica de rosa. Porque tiene la mejor banda sonora pop de la historia del cine.

Ray. Porque las películas biográficas bien hechas siempre son inspiradoras, sobre todo cuando tratan de Ray Charles.

Mi vecino Totoro. Porque la obra maestra de Hayao Miyazaki es una película sobre el poder del asombro y la magia para reconfortarnos en los momentos traumáticos.

El invisible Harvey. Porque es James Stewart hablando con un conejo invisible.

El relevo. Porque es una película sobre ciclismo muy infravalorada que vi cuando estaba bajo de ánimos y cuya comicidad y dramatismo tiernos me confortaron.

Cualquier película de la saga de *Misión imposible*. Porque ver a Tom Cruise arriesgar su vida para desafiar las leyes de la física newtoniana tiene algo de reparador.

Sonrisas y lágrimas. Porque nos muestra que las fuerzas más oscuras de la historia no pueden acabar con el amor y la música y la alegría.

La fiera de mi niña. Por Katharine Hepburn y Cary Grant y porque, a pesar de que se estrenó en 1938, sigue siendo una de las películas más divertidas de la historia.

Toy Story 2. Porque es la mejor y la más emotiva y consoladora película de Pixar, solo por la historia de Jessie.

Cuenta conmigo. Porque, a pesar de ser una película que trata sobre la búsqueda de un cadáver, es una celebración de la juventud y la amistad y la vida.

Mary Poppins. Porque es *Mary Poppins*.

Capacidad negativa

El poeta John Keats acuñó la expresión «capacidad negativa», que se refiere a cuando alguien «es capaz de existir en las incertidumbres, los misterios, las dudas, sin el irritante intento de alcanzar el hecho y la razón». Se trata de abrazar una especie de vulnerabilidad.

Para Keats, Shakespeare era la persona que encarnaba este concepto a la perfección, ya que creaba obras llenas de una belleza que estaba incompleta y era ambigua y permitía muchos significados.

Keats nunca oyó tocar a Miles Davis, pero quizá hubiera reconocido la capacidad negativa en su música. «No toques lo que está —es bien sabido que dijo el músico—. Toca lo que no está.»

La capacidad negativa está relacionada con el espacio que hay *más allá* de lo que conocemos, un espacio que deberíamos estar preparados para alcanzar si queremos encontrar la belleza.

«En un gran poeta —escribió Keats, el más zen de los románticos— el sentido de la Belleza sobrepasa cualquier otra consideración, o, mejor dicho, la arrasa.»

El uso del concepto de capacidad negativa por parte de Keats se centraba principalmente en el arte, pero el psicoanalista Wilfred Bion lo adoptó más adelante y le confirió un enfoque más psicológico y existencial. Para Bion, la capacidad negativa estaba relacionada con ser capaz de pensar de manera intuitiva, fuera de la memoria y el deseo. «Eliminemos nuestra memoria —imploró—, eliminemos nuestro deseo con su connotación de futuro; olvidemos ambas cosas, tanto lo que sabemos como lo que deseamos, para dejar lugar para una nueva idea.»

«Una nueva idea.»

Me encanta. Es como el concepto de *satori* del budismo zen, de la iluminación a través de la obediencia, algo que se alcanza por medio de una búsqueda intensa en las incertidumbres de nuestra propia naturaleza. Ahí es donde reside la libertad. En la posibilidad de una nueva forma de pensar. Y es más fácil llegar hasta ella si permanecemos abiertos y ambiguos y alertas a la fluidez del momento.

A lo mejor solo existimos debido a una especie de capacidad negativa cósmica que conjuró la existencia del universo a partir del vacío.

No pasa nada por no saberlo todo. Puede que sea mejor y más sabio no saberlo todo, porque entonces estamos más liberados del pensamiento habitual. Pero, claro, entrar en un lugar de abertura total requiere vulnerabilidad y quizá una forma más nueva y profunda de comprender el consuelo.

Siempre me acuerdo de una vez, hace años, en que, mientras seguía un vídeo de ejercicios, el entrenador gritó una orden en plena sentadilla estática: «Acostúmbrate a estar cómodo estando incómodo». Bueno, puede que equiparar un consejo que me dieron en un vídeo de entrenamiento con la capacidad negativa y el budismo zen sea forzar un poco las cosas, pero siento que alcanzamos un tipo de consuelo superior, una unión más cercana con quien somos en realidad, cuando estamos dispuestos a salir de los patrones seguros y conocidos hacia —para decirlo al estilo de Keats— la belleza inconsciente de la vida.

Tal como afirmó Wilfred Bion, «la belleza hace que una situación difícil se haga tolerable».

No es necesario que lo tengamos todo claro. Podemos limitarnos a ser testigos de la belleza.

¿Por qué partirte cuando puedes doblarte?

No tienes que poder con todo. No tienes que encargarte de todo. No tienes que controlarlo todo para superar el día.

No puedes cambiar el curso de los ríos. No puedes desafiar la gravedad. No puedes ir a contracorriente sin encontrar escollos.

Pero puedes quitarte el disfraz. Puedes sentir lo que sientes. Puedes expandirte dentro de ti.

Puedes llorar. Puedes sentir. Puedes mostrar lo que eres.

Puedes, de hecho, ser tú.

Tenemos más en común de lo que creemos

Hoy en día es fácil odiar a todo el mundo. Es fácil entrar en internet o poner las noticias y sentir desesperanza. Es fácil encontrar razones para estar enfadado. Tenemos aplicaciones de redes sociales cuyo modelo de negocio depende de nuestra capacidad continua para la furia y la frustración.

Es fácil estar tan rodeado por una sola opinión que casi cualquiera que no la comparta se convierte en ajeno.

Pero.

Podemos contemplar el mundo a través de más de una lente. Si observamos a las personas a través de la lente de la emoción, si observamos los sentimientos que generan las opiniones en lugar de las opiniones en sí, es sencillo ver las cosas que compartimos. Las esperanzas, los miedos, los amores, las inseguridades, los anhelos, las dudas, los sueños.

Los demás pueden equivocarse, y nosotros podemos equivocarnos, y esa es otra cosa más que tenemos en común.

La capacidad de cagarla a lo grande. Y de perdonar.

Perdón

Perdonar a los demás es un entrenamiento magnífico para perdonarte a ti mismo cuando llegue el momento.

Una nota sobre la introversión

La introversión no es algo que deba remediarse mediante la extroversión. La remedias viéndola como algo que no debe remediarse. Deja que la introversión exista. Permite los viajes tanto hacia el interior como hacia el exterior.

Descansar es hacer

No tienes que estar *ocupado*. No tienes que justificar tu existencia en términos de productividad. El descanso es una parte fundamental de la supervivencia. Una parte fundamental de nosotros mismos. Una parte fundamental de ser los animales que somos. Cuando un perro se tumba el sol, imagino que lo hace sin culpa, porque, que yo sepa, los perros están más en sintonía con sus necesidades. Ahora que me voy haciendo mayor, creo que incluso es posible que descansar sea el principal propósito de la vida. Sentarse pasivamente, dentro o fuera, y limitarse a absorber cosas —el tictac de un reloj, una nube que pasa, el rumor distante del tráfico, un pájaro que canta— puede parecer un fin en sí mismo. De hecho puede parecer y *ser* más significativo que muchas de las cosas que estamos condicionados a ver como *productivas*. Igual que necesitamos que haya pausas entre las notas para que la música suene bien, e igual que necesitamos la puntuación en una oración para que esta sea coherente, deberíamos ver el descanso y la pasividad —e incluso sentarse en el sofá— como una parte intrínseca y esencial de la vida que es necesaria para que el conjunto tenga sentido.

Misterio

Piensa en las obras de arte que superan la prueba del tiempo, desde la *Mona Lisa* hasta *Middlemarch*. Siempre hay algo irresoluble en ellas. Algo que los críticos pueden pasarse siglos debatiendo apasionadamente sin llegar a una certeza definitiva. A lo mejor el arte de vivir también es así. A lo mejor el propósito *es* el misterio, no trascenderlo. A lo mejor no estamos obligados a saberlo todo sobre nuestra vida. Y a lo mejor es perfecto así.

El consuelo de la incertidumbre

La incertidumbre alimenta nuestra ansiedad. La incertidumbre y la ansiedad están intrínsecamente ligadas. Cuanto más ansiosos estemos, más nos costará tolerar la incertidumbre. Puede que hagamos listas, que evitemos delegar. Puede que busquemos reafirmación constante. Puede que comprobemos dos veces que hemos echado la llave o que queramos llamar a alguien una y otra vez para asegurarnos de que está bien. Puede que nos sorprendamos aferrándonos al control y negándonos a confiar en los demás. Puede que queramos apartarnos de un mundo ansioso y quedarnos en casa y procrastinar. Puede que queramos escapar de todo perdiéndonos en un mundo de distracción. Puede que llenemos hasta el último segundo de nuestra vida con actividades que nos mantengan ocupados, con trabajo, con placer, con nuestras otras adicciones.

Es evidente que ninguna de estas cosas aborda el problema de raíz. La incertidumbre permanece. La única manera de lidiar con la incertidumbre, en última instancia, es aceptarla. Porque no podemos escapar de ella. Da igual cómo decidamos organizar nuestros días y nuestro calendario, la incertidumbre permanece. Este mundo es obstinadamente incierto y tenemos que asumirlo.

Y una forma de hacerlo es apreciar el valor de la incertidumbre. Lejos de ser una maldición, puede ser una fuente de esperanza. Vale, sí, la incertidumbre significa que las cosas que esperamos con ilusión tal vez no sean tan buenas como queremos, pero también quiere decir que las cosas que tememos tal vez no sean tan terribles como las imaginamos.

Por ejemplo, ¿cuántas veces has oído a la gente decir «no hay mal que por bien no venga»? ¿Cuántas veces hemos oído hablar de alguien que ha sufrido una desgracia terrible —una enfermedad, un despido, una bancarrota, lo que sea— y ha terminado sintiéndose agradecido por ella o al menos por algún aspecto de ella?

Los momentos de dolor más intenso de mi vida fueron también los momentos en los que más aprendí de mí. De la misma forma que algunas de las cosas que esperamos con ilusión no salen tan bien como planeábamos —unas vacaciones desastrosas, o un trabajo que pintaba bien sobre el papel pero es una pesadilla, o un matrimonio que se agrió—, también es verdad que muchas de las cosas más difíciles de la vida llegan acompañadas de lecciones o de lados buenos o de una perspectiva nueva y bienvenida o de motivos por los que estar agradecidos.

Así pues, aunque la interpretamos como algo indeseable de por sí porque quiere decir que es posible que ocurran cosas malas, la incertidumbre también nos protege contra las cosas malas. Porque en algún momento, en cualquier vida, ocurrirá algo malo, y es la incertidumbre inherente a lo que esa cosa mala terminará significando para ti, adónde te llevará y qué sacará a la luz, lo que nos permite tener una esperanza más perdurable y resiliente. Una esperanza que no desea que no ocurran cosas malas —porque a veces ocurren—, sino que más bien nos capacita para ver que las cosas malas nunca son la historia completa. Están tan llenas de resultados inciertos como todo lo demás.

En resumen, nunca se sabe. La única certidumbre es la incertidumbre. Y, por tanto, si queremos lograr cualquier tipo de consuelo constante, tenemos que encontrar consuelo en la incertidumbre. Y eso existe. Porque, aunque las cosas sean inciertas, nunca están cerradas. Podemos existir en la esperanza, en lo infinito, en la pregunta sin respuesta y abierta de la propia vida.

Portal

Todos y cada uno de nosotros tenemos el poder de entrar en un mundo nuevo. Lo único que debemos hacer es cambiar nuestra mentalidad.

Nada está cerrado

Una de las razones por las que nos gustan las historias es que nos gusta la estructura. Nos gustan los planteamientos, los desarrollos y los desenlaces. Sobre todo nos gustan los buenos desenlaces. Piensa en la cantidad de veces que nuestra opinión de un libro o de una película ha dependido del final. Si una película tiene un final terrible, suele fastidiárnosla entera.

El director de cine Jean-Luc Godard dijo que una historia ha de tener un planteamiento, un desarrollo y un desenlace, pero no necesariamente en ese orden. Y antes me encantaba esa cita, y estaba de acuerdo con ella, hasta que me sumí en una crisis nerviosa y empecé a ansiar el consuelo de las narrativas clásicas. De los planteamientos, los desarrollos y los desenlaces, *en ese orden*. Y me gustaban los finales en los que todo quedaba bien cerrado, como un regalo bien envuelto y con un lazo encima.

Ansiaba *resolución*. Pero, claro, la vida no tiene resolución. Ni siquiera la muerte es la resolución. Aunque no creamos en el más allá, debemos reconocer que después de nosotros el mundo continúa avanzando de maneras incognoscibles y que también son incognoscibles las formas en las que la gente nos recordará o no.

En la vida solo hay finales abiertos. Y no es una maldición. Es algo bueno. En palabras de la pensadora budista Pema Chödrön, «sufrimos por la resolución». Esta idea me resulta muy liberadora. Reconocer que los finales cerrados son imposibles de alcanzar en un universo donde todo está abierto.

La soportable idoneidad del ser

Ser > hacer

Reconexión

Mi ansiedad me parece, sin duda, un síntoma de la vida moderna. En su momento de mayor intensidad, hace años, empecé a darme cuenta de que siempre se agudizaba al máximo cuando estaba haciendo algo que habría sido totalmente ajeno a nuestros antepasados de las cavernas. Pasear por un centro comercial atestado. Escuchar música tecno a todo volumen. Deambular bajo la luz artificial de un supermercado. Pasar demasiado tiempo sentado delante del televisor o de la pantalla de un ordenador. Comerme una bolsa entera de nachos a la una de la mañana. Los correos electrónicos estresantes. El centro de las ciudades. Los trenes abarrotados. Las peleas de internet. La sobrecarga mental moderna.

No es ninguna coincidencia que las cosas que me alivian cuando estoy exhausto por completo, las que me calman y me tranquilizan, tiendan a ser cosas que me reconectan con mi yo natural. Como, por ejemplo, irme a la cama poco después de que oscurezca en lugar de quedarme levantado hasta la una de la mañana para ver once episodios de una serie, uno detrás de otro. O pasear por la naturaleza con nuestro perro. O cocinar platos saludables con ingredientes saludables. O estar con gente a la que quiero. O cambiar el sofá por la actividad física. O plantar hierbas aromáticas. O bañarme en el mar. O contemplar el cielo. O correr al aire libre en lugar de en la cinta.

Por supuesto, me encantan las distracciones placenteras de la vida moderna. Me gusta que el nuestro sea un mundo con pódcast y películas y videollamadas. Pero, cuando me encuentro en ese estado de fragilidad profunda en el que estoy despojado de mi coraza, considero que el camino de vuelta más corto es el intemporal. El natural. El que tiene que ver con la reconexión con nuestro mundo y nuestro yo naturales.

Una nota sobre la alegría

Se cuenta que cuando Madonna viajó por primera vez a Nueva York le dijo a su taxista: «Lléveme al centro de todo». Antes de mi crisis, ese fue también mi planteamiento durante muchos años. Me costaba solo *ser*. Siempre quería estar en algún otro sitio, más cerca del centro de lo emocionante. Así que escapaba hacia el alcohol. Las drogas. Las *raves*. Necesitaba el ruido más atronador, la comida más picante, las películas más violentas, lo más extremo en *todo*. Para mí esto significó tres veranos en Ibiza trabajando en el club nocturno más grande de Europa, estando en el centro del estruendo y de la gente y de la estimulación. El hecho de que el club se llamara Manumission, que se traduce como *manumisión*, 'libertad de la esclavitud', no hacía sino reforzar mi idea. Ser libre era estar en el meollo de toda la agitación y la distracción que la vida pudiera ofrecer.

Era una persona muy insegura. Tenía la autoestima baja. Durante los inviernos, de nuevo en Londres, solicitaba empleos. Luego, cuando los conseguía, me preocupaba tanto que la gente viera mi verdadero yo que era incapaz de entrar en el edificio. Me sentía como un espejismo humano. Vacío por dentro. Así que, en lugar de enfrentarme al vacío, intentaba escapar de él.

El único problema es que no puedes escapar de ti. Vayas adonde vayas, tú siempre estás allí. Incluso en una pista de baile a las seis de la mañana.

Huir de ti mismo es como intentar huir de una farola con una cuerda elástica atada a tu alrededor. Más tarde o más temprano vas a salir propulsado hacia atrás y a llevarte un golpetazo tremendo.

O, en mi caso, a sufrir una crisis total. Un bufé libre del desastre. Trastorno de pánico, depresión, TOC, agorafobia y la creencia de que no sería capaz de sobrevivir a tanto. Y eso es lo irónico, claro. Mi deseo desesperado de evitar el dolor y la incomodidad me llevó a sentir el peor dolor e incomodidad de mi vida. Me atrapó en ellos. Durante días, meses, años.

Y para salir de eso al final tuve que hallar una especie de aceptación. Puede que resulte extraño decir algo así en un libro que lleva la palabra *esperanza* en el título, pero el dolor forma parte de la vida. Forma parte de toda vida. Y por tanto también forma parte de las cosas buenas. «La inspiración y la desgracia se complementan mutuamente», como dice Chödrön. Pero ¿qué tiene de bueno sufrir? ¿Qué tiene de *reconfortante* el sufrimiento? ¿El sufrimiento no es lo opuesto al consuelo?

En algún momento tienes que aceptar tu realidad. Aun en el caso de que esa realidad incluya depresión, miedo y dolor, además de otras cosas. Y, cuando la aceptas, también aceptas lo demás. Las cosas más genuinamente placenteras.

El placer que puede encontrarse siendo tú mismo en vez de escapando de ti. Siendo capaz de mirar a alguien a los ojos, de humano a humano, sin ninguna vergüenza o estigma. Aceptando que la vida conecta la alegría con el dolor y el dolor con la alegría en un abrir y cerrar de ojos.

No necesitaba salir a perseguir la vida. Yo *era* la vida.

Una moneda que gira

La incertidumbre es la causa de la ansiedad, pero también una solución. Pese a que todo es incierto, todo es esperanza. Todo es ambiguo. Todo es posible. Existimos en una moneda que gira. No podemos predecir de qué lado aterrizará, pero sí podemos disfrutar de su brillo mientras da vueltas.

Estás vivo

Puedes aparentar seguridad y tener ansiedad. Puedes tener un aspecto saludable y encontrarte fatal. Puedes hablar bien en público y estar destrozado. Puedes ser externamente privilegiado y no mentalmente privilegiado. Puedes levantar pesas y ser débil. Puedes tenerlo todo y no sentir nada. Puede que te hayan dado libertad y que sigas mirando las cadenas.

Eres algo mucho más profundo que tu superficie. Eres algo mucho más profundo que tu identidad. No eres un valor que cambia en el mercado bursátil de las opiniones externas. Eres parte de algo más grande. Eres parte de la vida. Eres parte de *toda* vida. Eres una expresión de vida de la misma manera que un delfín o un león son una expresión de vida. Eres parte del todo de la misma manera que eres un individuo. Si tu individualismo se manifiesta a costa de tu conexión con el todo, puede que tropieces, pero siempre tienes la oportunidad de la reconexión. Porque la vida es el modo de reconectar con la vida. Y tú estás vivo.

Uno

Los números son adictivos porque nos permiten medir y comparar y cuantificar al mismo tiempo que hacen que sintamos que siempre podría haber *más*. Los números —y las comparaciones— están por todas partes. Los seguidores en redes sociales. Las medidas corporales. Los niveles de ingresos. La edad. El peso. Los *rankings* de internet. Los contadores de visitas. Las unidades vendidas. Los me gusta. Las acciones. Los recuentos de pasos. Los recuentos de horas de sueño. Los recuentos de palabras. Las notas de los exámenes. Los precios de las casas. Los informes presupuestarios. Las valoraciones bursátiles. Números, números, números. Y los números se nos meten dentro. Nos hacen comparar. Comparamos con otra gente y comparamos con nosotros mismos. No tenemos por qué hacerlo en un sentido negativo. Puede que les deseemos lo mejor a los demás. A nuestros amigos y familiares. Pero los números están involucrados demasiado a menudo. Creo que los números nos fastidian. Todo valor es numérico. Nos convertimos en seres finitos y mensurables y de valor variable. Perdemos nuestro sentido de la infinidad. De la propia vida. Donde existen los números, existen las medidas. Y las medidas nos limitan. Porque las medidas nos llevan de una perspectiva infinita a una perspectiva finita. A fin de cuentas, solo las cosas finitas son mensurables.

Uno (dos)

Si de verdad te sientes parte de algo más amplio, si te ves en otras personas y en la naturaleza, si este *tú* se transforma en algo más grande que el tú individual, entonces nunca abandonas el mundo del todo cuando mueres. Existes mientras exista la vida. Porque la vida que sientes dentro de ti es parte de la misma fuerza vital que existe en todo ser vivo.

Poder

El momento más poderoso de la vida es cuando decides no seguir teniendo miedo.

Dolores de crecimiento

Cuando todo va bien, tendemos a no crecer. Porque para crecer necesitamos cambiar, porque el crecimiento *es* cambio. Por lo general, cuando evolucionamos es cuando nos enfrentamos a épocas difíciles. A menudo tenemos que fracasar para aprender, igual que un culturista necesita peso como resistencia. Es imposible crecer en un mundo sin lucha.

El sufrimiento ha sido más fuerte que cualquier otra enseñanza y me ha enseñado a comprender cómo era tu corazón. Me ha sometido y destrozado, pero, espero, para transformarme en algo mejor.

CHARLES DICKENS, *Grandes esperanzas*

Cómo mirar a un demonio a los ojos

Es fácil querer escapar de los malos sentimientos. Cuando sentimos tristeza o miedo, los recibimos como problemas que deben ser resueltos o rechazados al instante. Me acuerdo de que, cuando me encontré por primera vez en medio de una depresión profunda, no me sentía deprimido sin más. Estaba deprimido *por* estar deprimido. Ansioso *por* estar ansioso. Así que, como no podía ser de otra manera, los sentimientos negativos no paraban de multiplicarse.

La clave de la recuperación residía en la aceptación. Esa era la paradoja. Para superar la depresión tenía que llegar a un punto en que la aceptara. Para dejar de tener ataques de pánico tenía que llegar a un punto en el que casi fuera yo quien los *invitara*. Cuando sentía esa alerta repentina e intensa sintomática del pánico, me decía *quiero esto*. Tú no tienes por qué seguir esta estrategia. Y, desde luego, no pretendo minimizar el horror de un ataque de pánico en toda regla. Sé muy bien lo absolutamente terrorífico que puede resultar sentirte atrapado en tu propia mente cuando está en caída libre. Pero, después de unos cien ataques de pánico, me di cuenta de una cosa. Eran autorreferenciales. Se alimentaban a sí mismos. Es decir: el pánico se agravaba porque a mí me daba pánico el pánico. Es una bola de nieve que rueda por voluntad propia. Pero, si conseguía no quedarme helado *por* estar sintiendo pánico, si me fundía en un estado de aceptación, la bola de nieve del pánico terminaba quedándose sin el combustible del terror gélido y no podía seguir creciendo. Al final se alejaba flotando. Mi mente contemplaba el pánico en lugar de luchar contra él. Una forma de involucrarse totalmente distinta.

A veces, cuando la situación lo permitía, en lugar de intentar ignorar el pánico o de quitármelo de encima yéndome a caminar, me limitaba a tumbarme en el suelo y cerrar los ojos y concentrarme por completo en él. Y cuando analizas el miedo con detenimiento, cobras conciencia, en primer lugar, de que solo es una parte más de nuestra naturaleza. Y, en segundo lugar, de que es el hermano de la esperanza. Porque ambos nacen del tejido incierto de la vida.

En tibetano, la palabra *re-dok* es un compuesto de las palabras *rewa* (esperanza) y *dopka* (miedo) que manifiesta que ambos coexisten y que los dos surgen en esencia de la misma cosa: la incertidumbre. Cuando analizamos nuestros miedos más oscuros en lugar de evadirlos, aprendemos que ni siquiera nuestros mayores demonios son tan invencibles como parecían en un principio. A menudo, cuando los miramos fijamente, profundamente, se desintegran ante nuestros ojos.

Recuerda

Habrá otros días. Y otros sentimientos.

Opuestos

¿Qué significaría *grande* si no existiera *pequeño*? Los opuestos dependen el uno del otro para existir. En la filosofía taoísta, las energías duales del yin y el yang son opuestas, pero también interdependientes. El día necesita de la noche y la noche necesita del día. Las sombras oscuras en un cuadro de Tintoretto acentúan la luz. El silencio mudo de la infancia de Maya Angelou desembocó en su determinación de usar la voz.

En este mundo de interdependencia, los sentimientos opuestos también están conectados. Como dijo William Blake, «la alegría y la aflicción se entretejen sutilmente». Yo lo sé bien. Porque una de las razones por las que adoro la vida es que una vez quise suicidarme. Sinceramente, he conocido más momentos de satisfacción en mi vida por haber pasado años en el infierno. Y ahora evito tratar de verme como una cosa o la otra. No soy ni una persona feliz ni una persona triste. No soy ni una persona serena ni una persona miedosa. Soy una persona feliz-triste-serena-miedosa. Me permito sentirlo todo y de esa manera siempre estoy abierto a las emociones nuevas. Nada se queda atascado en la tubería. Ni un solo sentimiento se convierte en el único sentimiento si dejas que todo suceda. Y la forma de permitir que todo suceda es ver el valor de cada cosa. Ver que es posible que la oscuridad desemboque en la luz. Y que es posible que el dolor actual desemboque en la esperanza futura.

Amor/desesperanza

Albert Camus dijo: «No hay amor por la vida sin desesperanza por la vida». La primera vez que me topé con esta cita pensé que estaba vacía, que era pretenciosa y no poco desalentadora. Pero luego fui haciéndome mayor y esas palabras se tornaron más ciertas. Mi amor por la vida surge casi directamente de la desesperanza. En el sentido de que me siento agradecido por los tiempos mejores tras haber conocido tiempos terribles. Pero también en un sentido más profundo. En el sentido de que el placer y la desesperanza están contenidos en el mismo todo y, cuando empezamos a ver las conexiones entre todas las cosas, cuando vemos que los opuestos están contenidos el uno dentro del otro, cuando vemos cómo conecta todo, nos sentimos más empoderados en nuestros momentos más bajos.

Posibilidad

El filósofo existencialista Rollo May creía que a menudo confundimos los opuestos. «El odio no es lo contrario del amor; lo contrario del amor es la apatía.» También señaló que la valentía y el miedo no son opuestos, ya que el miedo es un componente esencial del valor, y que los verdaderos valientes son aquellos que experimentan miedo y avanzan a través de él. Sin embargo, su momento más instructivo fue cuando argumentó la compatibilidad de la alegría y la desesperación.

«Alegría es la experiencia de la posibilidad —escribió—, la conciencia de la libertad del que afronta su destino. En este sentido, la desesperación […] puede llevar a la alegría. Después de la desesperación lo único que queda es la posibilidad.»

La puerta

La posibilidad define todo lo que tenemos delante. Nunca estamos dentro del futuro. Estamos fuera, en la puerta. Tenemos la mano en el pomo. Estamos girando el pomo. Pero nunca sabemos qué hay al otro lado. Puede que sea una habitación parecida a aquella en la que nos encontramos ahora o puede que sea una habitación que no hemos visto nunca. Puede que ni siquiera sea una habitación. Tal vez sea un huerto cargado con todos los frutos maduros de nuestro trabajo. Puede que sea un terreno yermo. Pero nunca podemos saberlo con seguridad. Y, aunque terminemos en un lugar en el que no queremos estar, podemos estar agradecidos porque sabemos que existe otra puerta. Y otro pomo precioso a la espera de que lo giren.

El enrevesado milagro de estar aquí

La idea occidental del autoempoderamiento requiere que te conviertas en una persona mejor, que descubras a tu multimillonario interior, que consigas un cuerpo escultural, que trabajes, que asciendas. Dice que el presente no es suficiente. Es autodesprecio disfrazado de salvación.

Necesitamos autoaceptación. Autocompasión. Nuestro cuerpo y mente y vida actuales no son cosas de las que debamos escapar. Debemos recordar el enrevesado milagro de estar aquí.

Aceptación

Llega un momento precioso en el que tienes que dejar de intentar escapar de ti o mejorarte y sencillamente permitirte.

Ahora básico

En el budismo existe el concepto de *mettā*, o *maitrī*, que significa 'benevolencia o bondad'. *Mettā* está relacionado con aceptarte *tal como eres*. No hay intención de cambiarte, sino más bien una aceptación de ti mismo y de todas las cosas *como cambio*.

Como Pema Chödrön explica en *Cuando todo se derrumba*, lo que convierte este concepto en radical es que no hay intento de convertirte en una persona mejor. Se refiere a que «estamos renunciando completamente a controlar nuestra situación y dejamos que los conceptos e ideas se caigan hechos pedazos. Este proceso empieza cuando nos damos cuenta de que lo que estamos haciendo no es el principio ni el fin». Una vez que eso ocurre, cobras conciencia de que, sea lo que sea lo que estás sintiendo, entra dentro del rango normal en los humanos, y los humanos llevan sintiéndolo desde el inicio de nuestra historia. «Los pensamientos, emociones, estados de ánimo y recuerdos vienen y van, y el ahora básico está siempre aquí.»

Sin embargo, el concepto de *mettā* va más allá de la autocompasión. En una meditación *mettā*, el objetivo es expandir la compasión primero hacia ti, luego hacia los familiares y amigos y, después, más allá, hacia todos los seres. Incluso hacia los difíciles que nos molestan o nos enfadan. Esto suele hacerse por medio de un mantra que comienza por concentrarse en uno mismo y luego pasa a concentrarse en toda la vida, expandiéndose en círculos concéntricos de compasión cada vez más amplios, como ondas en un estanque.

«Que yo esté a salvo y viva feliz… Que ella esté a salvo y viva feliz… Que ellos estén a salvo y vivan felices… Que todos los seres vivos estén a salvo y vivan felices.»

Es hermoso. La idea es que extender la compasión a todas las cosas nos ayuda a conectar con la unidad de la vida. Sentimos el sufrimiento del mundo, pero también experimentamos la alegría de la vida y toda la naturaleza. Nos convertimos en parte de todas las cosas por medio de la compasión. Nos convertimos en fuego, tierra, aire y agua metafóricos. Nos convertimos en lo que siempre fuimos. La vida misma.

Cómo ser un océano

No has fracasado
en un momento de tristeza.
No has perdido
en un momento de derrota.

No eres una estatua
paralizada en un eterno *contrapposto*.
Eres algo en movimiento:
una marea ascendente, la cresta de una ola.

Tus inmensas profundidades son testigo
de toda maravilla, de todo prodigio.
Eres, por tanto, maravilloso
y prodigioso. Así que:

No luches contra la luna.
Permite toda marea.
Y dales a todos tus barcos hundidos
espacio para esconderse.

Más

En los momentos complicados, la belleza de la vida puede volverse más nítida. Y las cosas que aprendemos en los días malos nos sirven en las épocas buenas. Igual que la promesa de las épocas buenas nos ayuda a superar las malas. Todo conecta. Toda vida está en nuestro interior. Del miedo a la calma, de la esperanza a la desesperanza, de la desesperación al consuelo. Un grano de arena puede hablarnos de un universo. Y un solo momento puede enseñarnos sobre todos los demás momentos. Nunca somos una sola cosa.

Del mismo modo en que nuestros antepasados veían el mundo como una amalgama de tierra, fuego, agua y aire, nosotros también podemos ver en cualquier momento, en cualquier individuo, una conexión con todos los demás elementos de esa existencia. Siempre tenemos la posibilidad de ser *más*. De ser más grandes que cualquier crisis o preocupación actuales. De descubrir algo nuevo en el paisaje de nuestra mente, no añadiéndoselo, sino dándonos cuenta de que siempre ha estado ahí. Igual que una página de un libro está ahí aunque aún no la hayamos leído.

Dentro siempre tenemos más de lo que creemos. Más fuerza, más cordialidad, más compasión, más resiliencia.

El mundo puede sorprendernos, sin duda, pero también nosotros podemos sorprendernos a nosotros mismos.

Fin

Nada termina de verdad.

Cambia.

El cambio es eterno. Siendo cambio, tú también eres eterno. Estás aquí. En este momento que se mueve. Y, estando aquí, también eres para siempre.

Un fuego se convierte en ceniza que se convierte en tierra. La tristeza se convierte en alegría, a veces en el mismo grito. Las aves mudan las plumas y luego echan otras nuevas para el invierno.

El amor se convierte en pesar. El pesar se convierte en recuerdo. Las heridas se convierten en cicatrices.

Hacer se convierte en ser. El dolor se convierte en fuerza. El mediodía se convierte en noche.

La lluvia se convierte en vapor y luego en lluvia otra vez. La esperanza se convierte en desesperanza y luego en esperanza otra vez.

Una pera madura, cae, se transforma cuando la saborean.

Una oruga desaparece en su capullo envuelto en seda y las cosas se ponen oscuras y luego...

Agradecimientos

Gracias a mi agente, Clare Conville, y a todo el equipo de C+W. También a mi editor, Francis Bickmore, y a todo el equipo de Canongate, entre ellos Jamie Byng, Jenny Fry, Lucy Zhou, Alice Shortland, Vicki Watson, Vicki Rutherford, Leila Cruickshank, Megan Reid, Caroline Gorham, Rebecca Bonallie, Jessica Neale, Caroline Clarke, Bethany Ferguson, Rafi Romaya, Jo Lord, Katalina Watt, Steph Scott y Drew Hunt.

Un agradecimiento enorme a todos los libreros por su apoyo a lo largo de los años, a todas las personas que han comentado mis divagaciones en las redes sociales y a todos los lectores que se han mantenido fieles a mi escritura mientras yo salto de un género a otro.

Y, por último, a las maravillosas personas con las que vivo: Andrea Semple, Pearl Haig, Lucas Haig y la perrita Betsy.

Créditos

Se han hecho todos los esfuerzos posibles por localizar a los propietarios de los derechos de autor y por obtener su permiso para la utilización del material protegido por derechos de autor. El editor se disculpa por cualquier error u omisión y agradecería que se le notificara cualquier corrección que deba incorporarse en futuras reimpresiones o ediciones de este libro.

Extracto de *An American Sunrise: Poems* © 2019 de Joy Harjo. Publicado por W. W. Norton y reimpreso con autorización de la autora.

Extracto de *Still the Mind* © 2000 de Mark Watts. Reimpreso con autorización de New World Library, Novato, California. newworldlibrary.com

Extracto de *Radical Acceptance* © 2003 de Tara Brach. Reimpreso con autorización de Penguin Random House. (Versión en español: *Aceptación radical*, trad. Alejandro Pareja, Gaia Ediciones, 2014).

Extracto de *The Wisdom of Insecurity* © 1951 de Alan Watts. Reimpreso con autorización de Penguin Random

Extracto de *El seminario de Wilfred Bion en París. Julio de 1978*, de Wilfred R. Bio, Rafael E. López-Corvo y Lucía Morabito eds., trad. Anamilagros Pérez Morazzani, Ediciones Biebel, 2018.

Extracto de *El derecho y el revés*, de Albert Camus, trad. María Teresa Gallego Urrutia, Penguin Random House Grupo Editorial España, 2022.

Extracto de *Amor y voluntad*, de Rollo May, trad. Alfredo Báez, Gedisa, 2000.

Extracto de *Libertad y destino en psicoterapia*, Rollo May, trad. Luis Martínez Gómez, Desclée de Brouwer, S.A., Bilbao, España, 1988.